CONTES MORAUX.

DE L'IMPRIMERIE DE PELLETIER,
Rue Française, n° 7, près celle Payée-Saint-
Sauveur.

CONTES MORAUX,

POUR

L'INSTRUCTION

DE

LA JEUNESSE,

Par Madame LE PRINCE DE BEAUMONT,

Extraits de ses Ouvrages, et publiés, pour la première fois, en forme de Recueil.

TOME PREMIER.

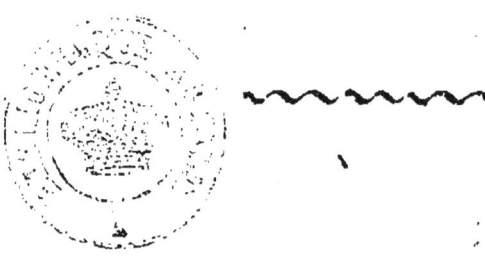

A PARIS,

Chez BARBA, Libraire, Palais du Tribunat, galerie derrière le Théâtre Français, n. 51, et Galerie Neuve, n. 14.

1806.

Nouveautés qui se trouvent chez le même Libraire.

Souvenir ou Voyage en Livonie, à Rome et à Naples, par Auguste Kotzebuë, traduit de l'Allemand par Pixerecourt, pour faire suite aux Souvenirs de Paris, des mêmes auteurs, 4 gros vol. in-12. 12 l.

Cuisinier Impérial (le) ou l'Art de faire la cuisine dans sa perfection, 1 gros volume in-8°, planche. 6

Galoubet (le) du Vaudeville, ou le meilleur Chansonnier de cette année, 1 volume in-12 fig. 1 l. 4 s.

Contes Moraux, par Imbert, de l'Académie des belles-lettres de Nancy, 2 v. in-12. fig. 3 l. 12

Couronnement de Napoléon I, empereur des Français, précédé de la conspiration anglaise, des différens voyages de S. M. à Boulogne, à Mayence, etc. des différentes anecdotes et traits particuliers qui lui sont arrivés, 2 volum. in-12. figures. 3 l. 12
Pour faire suite à l'Histoire de Bonaparte, en 4 vol. in-12, portrait. 6 l.

Herclès, poëme en trois chants, suivi de la Création de la Femme, par A. J. Dumaniant, auteur de Guerre ouverte, des Intrigans, etc. 1 l.

Jérôme, par Pigault-Lebrun, 4 v. in-12. 7 l. 10 s.

Amis (les) de Henri IV, nouvelles historiques, suivis du journal d'un moine de Saint-Denis, contenant la violation des tombeaux en 1793; par Sewrin, auteur de Brick-Bolding et des Trois Faublas de ce tems-là. 3 volumes in-12. portrait. 6 l.

Grammaire (la) en Vaudevilles, ou Lettres à Caroline sur la grammaire française, par M. Simonin. 1 vol. fig. 2 l.

CONTES MORAUX

POUR

L'INSTRUCTION

DE

LA JEUNESSE.

LA BELLE ET LA BÊTE.

CONTE.

Il y avait une fois un marchand qui était extrêmement riche. Il avait six enfans : trois garçons et trois filles ; et, comme ce marchand était un homme d'esprit, il n'épargna rien pour l'éducation de ses enfans, et leur donna toutes sortes de maîtres. Ses filles étaient très-belles ; mais la cadette, sur-tout, se faisait admirer, et on ne l'appelait, quand elle était petite, que *La belle enfant*; en sorte que le nom lui en resta; ce qui donna beaucoup de jalousie à ses sœurs. Cette cadette, qui était plus belle que ses sœurs, était aussi meilleure qu'elles. Les deux aînées avaient beaucoup d'orgueil, parce qu'elles étaient riches ; elles faisaient les dames, et ne voulaient pas recevoir les visites des autres filles des marchands ; il leur fallait des gens de qualité pour leur compagnie. Elles allaient tous les jours au bal, à la comédie, à la promenade, et se moquaient de leur cadette qui employait la plus grande partie de son tems à lire de bons livres. Comme on savait que ces filles étaient fort riches, plusieurs gros marchands les demandèrent en mariage; mais les deux aînées répondirent : qu'elles ne se marieraient jamais, à moins qu'elles ne trouvassent un duc, ou tout au moins un comte. La *Belle* (car je vous ai dit que c'était le nom de la plus jeune), la Belle, dis-je, remercia bien honnêtement ceux qui voulaient l'épouser; mais elle leur dit : qu'elle était trop jeune, et qu'elle souhaitait de tenir compagnie à son père, pendant quelques années. Tout d'un coup, le marchand perdit son bien, et il ne lui resta qu'une petite maison de campagne, bien loin de la ville.

Il dit, en pleurant, à ses enfans, qu'il fallait aller demeurer dans cette maison, et, qu'en travaillant comme des paysans, ils y pourraient vivre. Ses deux filles aînées répondirent : qu'elles ne voulaient pas quitter la ville, et qu'elles avaient plusieurs amans qui seraient trop heureux de les épouser, quoiqu'elles n'eussent plus de fortune : les bonnes demoiselles se trompaient ; leurs amans ne voulurent plus les regarder, quand elles furent pauvres. Comme personne ne les aimait, à cause de leur fierté, on disait : « elles ne » méritent pas qu'on les plaigne ; nous » sommes bien aises de voir leur orgueil

» abbaissé ; qu'elles aillent faire les da-
» mes, en gardant les moutons ». Mais, en même tems, tout le monde disait : « pour la Belle, nous sommes bien fâchés
» de son malheur ; c'est une si bonne
» fille ; elle parlait aux pauvres gens avec
» tant de bonté ; elle était si douce, si
» honnête ». Il y eut même plusieurs gentilshommes qui voulurent l'épouser, quoiqu'elle n'eût pas un sou ; mais elle leur dit : qu'elle ne pouvait se résoudre à abandonner son pauvre père dans son malheur, et qu'elle le suivrait à la campagne, pour le consoler et lui aider à travailler. La pauvre Belle avait été bien affligée d'abord de perdre sa fortune ; mais elle s'était dit à elle-même : quand je pleurerai bien fort, cela ne me rendra pas mon bien ; il faut tâcher d'être heureuse sans fortune.

Quand ils furent arrivés à leur maison de campagne, le marchand et ses trois fils s'occupèrent à labourer la terre. La Belle se levait à quatre heures du matin, et se dépêchait de nétoyer la maison et d'apprêter à dîner pour la famille. Elle eut d'abord beaucoup de peine, car elle n'était pas accoutumée à travailler comme une servante ; mais, au bout de deux mois, elle devint plus forte, et la fatigue lui donna une santé parfaite. Quand elle avait fait son ouvrage, elle lisait, elle touchait du clavecin, ou bien elle chantait en filant. Ses deux sœurs, au contraire, s'ennuyaient à la mort : elles se levaient à dix heures du matin, se promenaient toute la journée, et s'amusaient à regretter leurs beaux habits et les compagnies. Voyez notre cadette, disaient-elles entr'elles, elle a l'ame basse, et est si stupide qu'elle est contente de sa malheureuse situation. Le bon marchand ne pensait pas comme ses filles. Il savait que la Belle était plus propre que ses sœurs à briller dans les compagnies. Il admirait la vertu de cette jeune fille, et sur-tout sa patience ; car ses sœurs, non contentes de lui laisser faire tout l'ouvrage de la maison, l'insultaient à tout moment.

Il y avait un an que cette famille vivait dans la solitude, lorsque le marchand reçut une lettre, par laquelle on lui mandait qu'un vaisseau, sur lequel il avait des marchandises, venait d'arriver heureusement. Cette nouvelle pensa tourner la tête à ses deux aînées qui pensaient qu'à la fin elles pourraient quitter cette campagne, où elles s'ennuyaient tant ; et, quand elles virent leur père prêt à partir, elles le prièrent de leur apporter des robes, des palatines, des coîffures, et toutes sortes de bagatelles. La Belle ne lui demandait rien ; car elle pensait en elle-même que tout l'argent des marchandises ne suffirait pas pour acheter ce que ses sœurs souhaitaient. Tu ne me prie pas de t'acheter quelque chose, lui dit son père. Puisque vous avez la bonté de penser à moi, lui dit-elle, je vous prie de m'apporter une rose, car il n'en vient point ici. Ce n'est pas que la Belle se souciât d'une rose ; mais elle ne voulait pas condamner, par son exemple, la conduite de ses sœurs, qui auraient dit, que c'était pour se distinguer qu'elle ne demandait rien. Le bon homme partit ; mais quand il fut arrivé, on lui fit un procès pour ses marchandises, et, après avoir eu beaucoup de peine, il revint aussi pauvre qu'il était auparavant. Il n'avait plus que trente milles pour arriver à sa maison, et il se réjouissait déjà du plaisir de voir ses enfans ; mais, comme il fallait passer un grand bois, avant de trouver la maison, il se perdit. Il neigeait horriblement ; le vent était si grand, qu'il le jeta deux fois en bas de son cheval, et, la nuit étant venue, il pensa qu'il mourrait de faim ou de froid, ou qu'il serait mangé des loups, qu'il entendait heurler autour de lui. Tout d'un coup, en regardant au bout d'une longue allée d'arbres, il vit une grande lumière, mais qui paraissait bien éloignée. Il marcha de ce côté-là, et vit que cette lumière sortait d'un grand palais qui était tout illuminé.

Le marchand remercia Dieu du secours qu'il lui envoyait, et se hâta d'arriver à ce château ; mais il fut bien surpris de ne trouver personne dans les cours. Son cheval, qui le suivait, voyant une grande écurie ouverte, entra dedans ; et, ayant trouvé du foin et de l'avoine, le pauvre animal qui mourait de faim, se jeta dessus avec beaucoup d'avidité. Le marchand l'attacha dans l'écurie, et marcha vers la maison, où il ne trouva personne ; mais, étant entré dans une grande salle, il y trouva un bon feu, et une table chargée de viandes, où il n'y avait qu'un couvert. Comme la pluie et la neige l'avaient mouillé jusqu'aux os, il s'approcha du feu pour se sécher, et disait en lui-même : le maître de la maison, ou ses domestiques me pardonneront la liberté que j'ai prise, et sans doute ils viendront bientôt. Il attendit pendant un tems considérable ; mais onze heures ayant sonné, sans qu'il vit personne, il ne put résister à la faim, et prit un poulet qu'il mangea en deux bouchées, et en tremblant. Il but aussi quelques coups de vin, et, devenu plus hardi, il sortit de la salle, et traversa plusieurs grands appartemens, magnifiquement meublés. A la fin, il trouva une chambre, où il y avait un bon lit, et comme il était minuit passé, et qu'il était las, il prit le parti de fermer la porte, et de se coucher.

Il était dix heures du matin, quand il se leva le lendemain, et il fut bien surpris de trouver un habit fort propre à la place du sien qui était tout gâté. Assurément, dit-il, en lui-même, ce palais appartient à quelque bonne Fée qui a eu pitié de ma situation. Il regarda par la fenêtre, et ne vit plus de neige ; mais des berceaux de fleurs qui enchantaient la vue. Il rentra dans la grande salle, où il avait soupé la veille, et vit une petite table où il y avait du chocolat. Je vous remercie, madame la Fée, dit-il tout haut, d'avoir eu la bonté de penser à mon déjeûner. Le bon homme, après avoir pris son chocolat, sortit pour aller chercher son cheval, et, comme il passait sous un berceau de roses, il se souvint que la Belle lui en avait demandé, et cueillit une branche où il y en avait plusieurs. En même tems, il entendit un grand bruit, et vit venir à lui une Bête si horrible, qu'il fut tout prêt de s'évanouir. « Vous êtes bien ingrat, lui dit la *Bête*, d'une voix terrible; je vous ai sauvé la vie, en vous recevant dans mon château, et, pour ma peine, vous me volez mes roses que j'aime mieux que toutes choses au monde. Il faut mourir pour réparer cette faute; je ne vous donne qu'un quart-d'heure pour demander pardon à Dieu. Le marchand se jeta à genoux, et dit à la Bête, en joignant les mains : — Monseigneur, pardonnez-moi, je ne croyais pas vous offenser, en cueillant une rose pour une de mes filles, qui m'en avait demandé. — Je ne m'appelle point monseigneur, répondit le monstre, mais la Bête. Je n'aime point les complimens, moi, je veux qu'on dise ce que l'on pense ; ainsi, ne croyez pas me toucher par vos flatteries ; mais vous m'avez dit que vous aviez des filles ; je veux bien vous pardonner, à condition qu'une de vos filles vienne volontairement, pour mourir à votre place : ne me raisonnez pas ; partez, et, si vos filles refusent de mourir pour vous, jurez que vous reviendrez dans trois mois. Le bon homme n'avait pas dessein de sacrifier une de ses filles à ce vilain monstre ; mais il pensa, au moins, j'aurai le plaisir de les embrasser encore une fois. Il jura donc de revenir, et la Bête lui dit qu'il pouvait partir quand il voudrait ; mais, ajouta-t-elle, je ne veux pas que tu t'en ailles les mains vides. Retourne dans la chambre où tu as couché, tu y trouveras un grand coffre vide ; tu peux y mettre tout ce qu'il te plaira ; je le ferai porter chez toi. En même tems, la Bête se retira, et le bon homme dit en lui-même ; s'il faut que je meure, j'aurai la consolation de laisser du pain à mes pauvres enfans.

Il retourna dans la chambre où il avait couché, et, y ayant trouvé une grande quantité de pièces d'or, il remplit le grand coffre, dont la Bête lui avait parlé, le ferma, et, ayant repris son cheval qu'il retrouva dans l'écurie, il sortit de ce palais avec une tristesse égale à la joie qu'il avait, lorsqu'il y était entré. Son cheval prit de lui-même une des routes de la forêt, et en peu d'heures, le bon homme arriva dans sa petite maison. Ses enfans se rassemblèrent autour de lui ; mais, au lieu d'être sensible à leurs caresses, le marchand se mit à pleurer en les regardant. Il tenait à la main la branche de roses, qu'il apportait à la Belle : il la lui donna, et lui dit : la Belle, prenez ces roses ; elles coûteront bien cher à votre malheureux père; et tout de suite, il raconta à sa famille la funeste aventure qui lui était arrivée. A ce récit, ses deux aînées jetèrent de grands cris, et dirent des injures à la Belle qui ne pleurait point. Voyez ce que produit l'orgueil de cette petite créature, disaient-elles ; que ne demandait-elle des ajustemens comme nous ? mais non, mademoiselle voulait se distinguer ; elle va causer la mort de notre père, et elle ne pleure pas. Cela serait fort inutile, reprit la Belle, pourquoi pleurerais-je la mort de mon père ? il ne périra point. Puisque le monstre veut bien accepter une de ses filles, je veux me livrer à toute sa furie, et je me trouve forte heureuse, puisqu'en mourant, j'aurai la joie de sauver mon père, et de lui prouver ma tendresse. Non, ma sœur, lui dirent ses trois frères, vous ne mourrez pas, nous irons trouver ce monstre, et nous périrons sous ses coups, si nous ne pouvons le tuer. Ne l'espérez pas, mes enfans, leur dit le marchand, la puissance de cette Bête est si grande, qu'il ne me reste aucune espérance de la faire périr. Je suis charmé du bon cœur de la Belle, mais je ne veux pas l'exposer à la mort. Je suis vieux, il ne me reste que peu de tems à vivre ; ainsi, je ne perdrai que quelques années de vie, que je ne regrette qu'à cause de vous, mes chers enfans. Je vous assure, mon père, lui dit la Belle, que vous n'irez pas à ce palais sans moi ; vous ne pouvez m'empêcher de vous suivre. Quoique je sois jeune, je ne suis pas fort attachée à la vie, et j'aime mieux être dévorée par ce monstre, que de mourir du chagrin que me donnerait votre perte. On eut beau dire, la Belle voulut absolument partir pour le beau palais, et ses sœurs en étaient charmées, parce que les vertus de cette cadette leur avaient inspiré beaucoup de jalousie. Le marchand était si occupé de la douleur de perdre sa fille, qu'il ne pensait pas au coffre qu'il avait rempli d'or ; mais, aussitôt qu'il se fut enfermé dans sa chambre pour se coucher, il fut bien étonné de le trouver à la ruelle de son lit. Il résolut de ne point dire à ses enfans qu'il était devenu si riche, parce que ses filles auraient voulu retourner à la ville; qu'il était résolu de mourir dans cette campagne; mais il confia ce secret à la Belle qui lui apprit qu'il était venu quelques gentilshommes pendant son absence, et qu'il y en avait deux qui aimaient ses sœurs. Elle pria son père de les marier; car elle était si bonne qu'elle les aimait, et leur pardonnait de tout son cœur le mal qu'elles lui avaient fait. Ces deux méchantes filles se frottèrent les yeux avec un oignon, pour pleurer lorsque la Belle partit avec son père; mais ses frères pleuraient tout de bon, aussi bien que le marchand : il n'y avait que la Belle qui ne pleurait point, parce qu'elle ne voulait pas augmenter leur douleur. Le cheval prit la route du palais, et sur le soir, ils l'apperçurent illuminé, comme la première fois. Le cheval fut tout seul à l'écurie, et le bon homme entra avec sa fille dans la grande salle, où ils trouvèrent une table magnifiquement servie, avec deux couverts. Le marchand n'avait pas le cœur de manger ; mais Belle s'efforçant de paraître tranquille, se mit à table, et le servit ; puis elle disait en elle-même : la Bête veut m'engraisser avant de me manger, puisqu'elle me fait si bonne chère. Quand ils eurent soupé, ils entendirent un grand bruit, et le marchand dit adieu à sa fille en pleurant ; car il pensait que c'était la Bête. Belle ne put s'empêcher de frémir, en voyant cette figure horrible ; mais elle se rassura de son mieux, et le monstre lui ayant demandé si c'était de bon cœur qu'elle était venue ; elle lui dit, en tremblant, qu'oui. Vous êtes bien bonne, dit la Bête, et je vous suis bien obligée. Bon homme, partez demain matin, et ne vous avisez jamais de revenir ici. Adieu, la Belle. Adieu, la Bête, répondit-elle, et tout de suite le monstre se retira. Ah ! ma fille, lui dit le marchand, en embrassant la Belle, je suis à demi-mort de frayeur. Croyez-moi, laissez-moi ici ; non, mon père, lui dit la Belle avec fermeté, vous partirez demain matin, et vous m'abandonnerez au secours du ciel ; peut-être aura-t-il pitié de moi. Ils furent se coucher, et croyaient ne pas dormir de toute la nuit ; mais à peine furent-ils dans leurs lits, que leurs yeux se fermèrent. Pendant son sommeil, la Belle vit une dame qui lui dit : « Je suis contente de votre bon cœur, la Belle ; la bonne action que vous faites, en donnant votre vie, pour sauver celle de votre père, ne demeurera point sans récompense ». La Belle, en s'éveillant, raconta ce songe à son père, et, quoiqu'il le consolât un peu, cela ne l'empêcha pas de jeter de grands cris, quand il fallut se séparer de sa chère fille.

Lorsqu'il fut parti, la Belle s'assit dans la grande salle, et se mit à pleurer aussi ; mais, comme elle avait beaucoup de courage, elle se recommanda à Dieu, et résolut de ne point se chagriner, pour le peu de tems qu'elle avait à vivre ; car elle croyait fermement que la Bête la mangerait le soir. Elle résolut de se promener en attendant, et de visiter ce beau château. Elle ne pouvait s'empêcher d'en admirer la beauté. Mais elle fut bien surprise de trouver une porte, sur laquelle il y avait écrit: *Appartement de la Belle.* Elle ouvrit cette porte avec précipitation, et elle fut éblouie de la magnificence qui y régnait ; mais ce qui frappa le plus sa vue, fut une grande bibliothèque, un clavecin, et plusieurs livres de musique. On ne veut pas que je m'ennuie, dit-elle, tout bas; elle pensa ensuite, si je n'avais qu'un jour à demeurer ici, on ne m'aurait pas fait une telle provision. Cette pensée ranima son courage. Elle ouvrit la bibliothèque, et vit un livre où il y avait écrit en lettres d'or : *Souhaitez, commandez; vous êtes ici la reine et la maîtresse.* Hélas ! dit-elle, en soupirant, je ne souhaite rien que de revoir mon pauvre père, et de savoir ce qu'il fait à présent : elle avait dit cela en elle-même. Quelle fut sa surprise ! en jetant les yeux sur un grand miroir, d'y voir sa maison, où son père arrivait avec un visage extrêmement triste. Ses sœurs venaient au-devant de lui, et, malgré les grimaces qu'elles faisaient pour paraître affligées, la joie qu'elles avaient de la perte de leur sœur, paraissait sur leur visage. Un moment après, tout cela disparut, et la Belle ne put s'empêcher de penser que la Bête était bien complaisante, et qu'elle n'avait rien à craindre d'elle. A midi, elle trouva la table mise, et, pendant son dîner, elle entendit un excellent concert, quoiqu'elle ne vit personne. Le soir, comme elle allait se mettre à table, elle entendit le bruit que faisait la Bête, et ne put s'empêcher de frémir. La Belle, lui dit ce monstre, voulez-vous bien que je vous voie souper ? — Vous êtes le maître, répondit la Belle, en tremblant. — Non, répondit la Bête, il n'y a ici de maîtresse que vous. Vous n'avez qu'à me dire de m'en aller, si je vous ennuie ; je sortirai tout de suite. Dites-moi, n'est-ce pas que vous me trouvez bien laid ? — Cela est vrai, dit la Belle, car je ne sais pas mentir ; mais je crois que vous êtes fort bon. — Vous avez raison, dit le monstre, mais, outre que je suis laid, je n'ai point d'esprit : je sais bien que je ne suis qu'une Bête. — On n'est pas Bête, reprit la Belle, quand on croit n'avoir point d'esprit : un sot n'a jamais su cela. — Mangez donc, la Belle, lui dit le monstre ; et tâchez de ne vous point ennuyer dans votre maison, car tout ceci est à vous ; et j'aurais du chagrin, si vous n'étiez pas contente. — Vous avez bien de la bonté, dit la Belle. Je vous avoue que je suis bien contente de votre cœur ; quand j'y pense, vous ne me paraissez pas si laid. — Oh dame, oui, répondit la Bête, j'ai le cœur bon ; mais je suis un monstre. — Il y a bien des hommes qui sont plus monstres que vous, dit la Belle; et je vous aime mieux avec votre figure, que ceux qui, avec la figure d'hommes, cachent un cœur faux, corrompu, ingrat. — Si j'avais de l'esprit, reprit la Bête, je vous ferais un grand compliment pour vous remercier ; mais je suis un stupide, et tout ce que je puis vous dire, c'est que je vous suis bien obligé.

La Belle soupa de bon appétit. Elle n'avait presque plus peur du monstre ; mais elle manqua mourir de frayeur, lorsqu'il lui dit : « La Belle, voulez-vous être ma femme »? Elle fut quelque tems sans répondre ; elle avait peur d'exciter la colère du monstre, en le refusant : elle lui dit pourtant en tremblant : non la Bête. Dans le moment, ce pauvre monstre voulut soupirer, et il fit un sifflement si épouvantable, que tout le palais en retentit ; mais Belle fut bientôt rassurée, car la Bête lui ayant dit tristement : Adieu donc la Belle, sortit de la chambre, en se retournant de tems en tems pour la regarder encore. Belle se voyant seule, sentit une grande compassion pour cette pauvre Bête : Hélas ! disait-elle, c'est bien dommage qu'elle soit si laide, elle est si bonne !

Belle passa trois mois dans ce palais avec assez de tranquillité. Tous les soirs, la Bête lui rendait visite, l'entretenait pendant le souper, avec assez de bon sens, mais jamais avec ce qu'on appelle esprit, dans le monde. Chaque jour, Belle découvrait de nouvelles bontés dans ce monstre. L'habitude de le voir l'avait accoutumée à sa laideur; et, loin de craindre le moment de sa visite, elle regardait souvent à sa montre, pour voir s'il était bientôt neuf heures; car la Bête ne manquait jamais de venir à cette heure-là. Il n'y avait qu'une chose qui faisait de la peine à la Belle, c'est que le monstre, avant de se coucher, lui demandait toujours si elle voulait être sa femme, et paraissait pénétré de douleur, lorsqu'elle lui disait que non. Elle lui dit un jour : « Vous me chagrinez, la Bête ; je voudrais pouvoir vous épouser ; mais je suis trop sincère pour vous faire croire que cela arrivera jamais. Je serai toujours votre amie; tâchez de vous contenter de cela. —Il le faut bien, reprit la Bête; je me rends justice. Je sais que je suis bien horrible; mais je vous aime beaucoup; cependant je suis trop heureux de ce que vous voulez bien rester ici; promettez-moi que vous ne me quitterez jamais ». La Belle rougit à ces paroles. Elle avait vu dans son miroir que son père était malade de chagrin de l'avoir perdue; et elle souhaitait de le revoir. « Je pourrais bien vous promettre, dit-elle à la Bête, de ne vous jamais quitter tout-à-fait; mais j'ai tant d'envie de revoir mon père, que je mourrai de douleur si vous me refusez ce plaisir. —J'aime mieux mourir moi-même, dit ce monstre, que de vous donner du chagrin. Je vous enverrai chez votre père; vous y resterez, et votre pauvre Bête en mourra de douleur. —Non, lui dit la Belle en pleurant, je vous aime trop pour vouloir causer votre mort. Je vous promets de revenir dans huit jours.

Vous m'avez fait voir que mes sœurs sont mariées, et que mes frères sont partis pour l'armée. Mon père est tout seul, souffrez que je reste chez lui une semaine. — Vous y serez demain au matin, dit la Bête ; mais souvenez-vous de votre promesse. Vous n'aurez qu'à mettre votre bague sur une table en vous couchant, quand vous voudrez revenir. Adieu, la Belle ». La Bête soupira selon sa coutume, en disant ces mots, et la Belle se coucha toute triste de la voir affligée. Quand elle se réveilla le matin, elle se trouva dans la maison de son père ; et, ayant sonné une clochette qui était à côté de son lit, elle vit venir la servante qui fit un grand cri en la voyant. Le bon homme accourut à ce cri, et manqua mourir de joie en revoyant sa chère fille ; et ils se tinrent embrassés plus d'un quart-d'heure. La Belle, après les premiers transports, pensa qu'elle n'avait point d'habits pour se lever ; mais la servante lui dit qu'elle venait de trouver dans la chambre voisine, un grand coffre

plein

plein de robes toutes d'or, garnies de diamans. Belle remercia la bonne Bête de ses attentions ; elle prit la moins riche de ces robes, et dit à la servante de serrer les autres, dont elle voulait faire présent à ses sœurs ; mais à peine eut-elle prononcé ces paroles, que le coffre disparut. Son père lui dit que la Bête voulait qu'elle gardât tout cela pour elle ; et aussitôt les robes et le coffre revinrent à la même place. La Belle s'habilla ; et, pendant ce tems, on fut avertir ses sœurs qui accoururent avec leurs maris ; elles étaient toutes deux fort malheureuses. L'aînée avait épousé un gentilhomme, beau comme le jour ; mais il était si amoureux de sa propre figure, qu'il n'était occupé que de cela, depuis le matin jusqu'au soir, et méprisait la beauté de sa femme. La seconde avait épousé un homme qui avait beaucoup d'esprit ; mais il ne s'en servait que pour faire enrager tout le monde, et sa femme toute la première. Les sœurs de la Belle manquèrent mourir de douleur, quand elles la virent habillée comme une princesse, et plus belle que le jour. Elle eut beau les caresser, rien ne put étouffer leur jalousie, qui augmenta beaucoup, quand elle leur eut conté combien elle était heureuse. Ces deux jalouses descendirent dans le jardin, pour y pleurer tout à leur aise, et elles se disaient : « Pourquoi cette petite créature est-elle plus heureuse que nous ? Ne sommes-nous pas plus aimables qu'elle ? — Ma sœur, dit l'aînée, il me vient une pensée ; tâchons de l'arrêter ici plus de huit jours ; sa sotte Bête se mettra en colère de ce qu'elle lui aura manqué de parole, et peut-être qu'elle la dévorera. — Vous avez raison, ma sœur, répondit l'autre. Pour cela, il lui faut faire de grandes caresses ; et, ayant pris cette résolution, elles remontèrent, et firent tant d'amitié à leur sœur, que la Belle en pleura de joie. Quand les huit jours furent passés, les deux sœurs s'arrachèrent les cheveux, et firent tant les affligées de son départ, qu'elle promit de rester encore huit jours chez son père.

Cependant Belle se réprochait le chagrin qu'elle allait donner à sa pauvre Bête, qu'elle aimait de tout son cœur, et elle s'ennuyait de ne la plus voir. La dixième nuit qu'elle passa chez son père, elle rêva qu'elle était dans le jardin du palais, et qu'elle voyait la Bête couchée sur l'herbe et près de mourir, qui lui reprochait son ingratitude. La Belle se réveilla en sursaut, et versa des larmes. — Ne suis-je pas bien méchante, disait-elle, de donner du chagrin à une Bête qui a pour moi tant de complaisance ? Est-ce sa faute si elle est si laide, et si elle a peu d'esprit ? Elle est bonne, cela vaut mieux que tout le reste. Pourquoi n'ai-je pas voulu l'épouser ? Je serais plus heureuse avec elle, que mes sœurs avec leurs maris. Ce n'est ni la beauté, ni l'esprit d'un mari qui rendent une femme contente : c'est la bonté du caractère, la vertu, la complaisance; et la Bête a toutes ces bonnes qualités. Je n'ai point d'amour pour elle; mais j'ai de l'estime, de l'amitié et de la reconnaissance. Allons, il ne faut pas la rendre malheureuse : je me reprocherais toute ma vie mon ingratitude. A ces mots, Belle se lève, met sa bague sur la table, et revient se coucher. A peine fut-elle dans son lit, qu'elle s'endormit; et, quand elle se réveilla le matin, elle vit avec joie qu'elle était dans le palais de la Bête. Elle s'habilla magnifiquement pour lui plaire, et s'ennuya à mourir toute la journée, en attendant neuf heures du soir; mais l'horloge eut beau sonner, la Bête ne parut point. La Belle alors craignit d'avoir causé sa mort. Elle courut tout le palais, en jetant de grands cris; elle était au désespoir. Après avoir cherché par-tout, elle se souvint de son rêve, et courut dans le jardin vers le canal où elle l'avait vue en dormant. Elle trouva la pauvre Bête étendue sans connaissance, et elle crut qu'elle était morte. Elle se jeta sur son corps sans avoir horreur de sa figure ; et, sentant que son cœur battait encore, elle prit de l'eau dans le canal, et lui en jeta sur la tête. La bête ouvrit les yeux, et dit à la Belle : « Vous avez oublié votre promesse ; le chagrin de vous avoir perdue m'a fait résoudre à me laisser mourir de faim ; mais je meurs content, puisque j'ai le plaisir de vous revoir encore une fois. — Non, ma chère Bête, vous ne mourrez point, lui dit la Belle, vous vivrez pour devenir mon époux ; dès ce moment, je vous donne ma main, et je jure que je ne serai jamais qu'à vous. Hélas ! je croyais n'avoir que de l'amitié pour vous ; mais la douleur que je sens me fait voir que je ne pourrais vivre sans vous voir. A peine la Belle eut-elle prononcé ces paroles, qu'elle vit le château brillant de lumière ; les feux d'artifices, la musique, tout lui annonçait une fête ; mais toutes ces beautés n'arrêtèrent point sa vue : elle se retourna vers sa chère Bête, dont le danger la faisait frémir. Quelle fut sa surprise ! la Bête avait disparu, et elle ne vit plus à ses pieds qu'un prince plus beau que l'Amour, qui la remerciait d'avoir fini son enchantement. Quoique ce prince méritât toute son attention, elle ne put s'empêcher de lui demander où était la Bête. — Vous la voyez à vos pieds, lui dit le prince. Une méchante fée m'avait condamné à rester sous cette figure, jusqu'à ce qu'une belle fille consentît à m'épouser, et elle m'avait défendu de faire paraître mon esprit. Ainsi, il n'y avait que vous dans le monde, assez bonne pour vous laisser toucher à la bonté de mon caractère; et, en vous offrant ma couronne, je ne puis m'acquitter des obligations que je vous ai. La Belle, agréablement surprise, donna la main à ce beau prince pour se relever. Ils allèrent ensemble au château, et la Belle manqua mourir de joie, en trouvant dans grande salle son père et toute sa famille, que la belle dame, qui lui était apparue en songe, avait transportés au château. — Belle, lui dit cette dame qui était une grande fée, venez recevoir la récompense de votre bon choix : vous avez préféré la vertu à la beauté et à l'esprit, vous méritez de trouver toutes ces qualités réunies en une même personne. Vous allez devenir une grande reine : j'espère que le trône ne détruira pas vos vertus. — Pour vous, mesdemoiselles, dit la fée aux deux sœurs de Belle, je connais votre cœur et toute la malice qu'il enferme. Devenez deux statues ; mais conservez toute votre raison sous la pierre qui vous enveloppera. Vous demeurerez à la porte du palais de votre sœur, et je ne vous impose point d'autre peine que d'être témoins de son bonheur. Vous ne pourrez revenir dans votre premier état qu'au moment où vous reconnaîtrez vos fautes ; mais j'ai bien peur que vous ne restiez toujours statues. On se corrige de l'orgueil, de la colère, de la gourmandise et de la paresse : mais c'est une espèce de miracle que la conversion d'un cœur méchant et envieux. Dans le moment, la fée donna un coup de baguette qui transporta tous ceux qui étaient dans cette salle, dans le royaume du prince. Ses sujets le virent avec joie, et il épousa la Belle qui vécut avec lui fort long-tems, et dans un bonheur parfait, parce qu'il était fondé sur la vertu.

AURORE ET AIMÉE.

CONTE.

Il y avait une fois une dame qui avait deux filles. L'aînée, qui se nommait *Aurore*, était belle comme le jour, et elle avait un assez bon caractère. La seconde, qui se nommait *Aimée*, était bien aussi belle que sa sœur; mais elle était maligne, et n'avait de l'esprit que pour faire du mal. La mère avait été aussi fort belle, mais elle commençait à n'être plus jeune, et cela lui donnait beaucoup de chagrin. Aurore avait seize ans, et Aimée n'en avait que douze; ainsi, la mère qui craignait de paraître vieille, quitta le pays où tout le monde la connaissait, et envoya sa fille aînée à la campagne, parce qu'elle ne voulait pas qu'on sût qu'elle avait une fille si âgée. Elle garda la plus jeune auprès d'elle, et fut dans une autre ville, et elle disait à tout le monde qu'Aimée n'avait que dix ans, et qu'elle l'avait eue avant quinze ans. Cependant, comme elle craignait qu'on ne découvrît sa tromperie, elle envoya Aurore dans un pays bien loin, et celui qui la conduisait la laissa dans un grand bois, où elle s'était endormie en se reposant. Quand Aurore se réveilla, et qu'elle se vit toute seule dans ce bois, elle se mit à pleurer. Il était presque nuit; et, s'étant levée, elle chercha à sortir de cette forêt; mais, au lieu de trouver son chemin, elle s'égara encore davantage. Enfin, elle vit bien loin une lumière; et, étant allée de ce côté-là, elle trouva une petite maison. Aurore frappa à la porte, et une bergère vint lui ouvrir, et lui demanda ce qu'elle voulait. « Ma bonne mère, lui dit Aurore, je vous prie par charité, de me donner la permission de coucher dans votre maison; car, si je reste dans le bois, je serai mangée des loups. De tout mon cœur, ma belle fille, lui répondit la bergère : mais, dites-moi, pourquoi êtes-vous dans ce bois si tard ? Aurore lui raconta son histoire, et lui dit : Ne suis-je pas bien malheureuse d'avoir une mère si cruelle ! et ne vaudrait-il pas mieux que je fusse morte en venant au monde, que de vivre pour être ainsi maltraitée ! Qu'est-ce que j'ai fait au bon Dieu pour être si misérable ? Ma chère enfant, répliqua la bergère, il ne faut jamais murmurer contre Dieu ; il est tout-puissant, il est sage, il vous aime, et vous devez croire qu'il n'a permis votre malheur que pour votre bien. Confiez-vous en lui, et mettez-vous bien dans la tête que Dieu protége les bons, et que les choses fâcheuses qui leur arrivent, ne sont pas malheurs : demeurez avec moi, je vous servirai de mère, et je vous aimerai comme ma fille. Aurore consentit à cette proposition ; et, le lendemain, la bergère lui dit : Je vais vous donner un petit troupeau à conduire ; mais j'ai peur que vous ne vous ennuyiez, ma belle fille; ainsi, prenez une quenouille, et vous filerez; cela vous amusera. Ma mère, répondit Aurore, je suis une fille de qualité; ainsi je ne sais pas travailler. Prenez donc un livre, lui dit la bergère; je n'aime pas la lecture, lui répondit Aurore en rougissant. C'est qu'elle était honteuse d'avouer à la fée qu'elle ne savait pas lire comme il faut. Il fallut pourtant avouer la vérité; et elle dit à la bergère qu'elle n'avait jamais voulu apprendre à lire quand elle était petite, et qu'elle n'en avait pas eu le tems quand elle était devenue grande. Vous aviez donc de grandes affaires, lui dit la bergère. Oui, ma mère, répondit Aurore. J'allais me promener tous les matins avec mes bonnes amies; après dîner, je me coiffais; le soir, je restais à notre assemblée, et puis j'allais à l'Opéra, à la comédie, et la nuit j'allais au bal. Véritablement, lui dit la bergère, vous aviez de grandes occupations, et sans doute vous ne vous ennuyiez pas. Je vous demande pardon, ma mère, répondit Aurore. Quand j'étais un quart-d'heure toute seule, ce qui m'arrivait quelquefois, je m'ennuyais à mourir; mais, quand nous allions à la campagne, c'était bien pire; je passais toute la journée à me coiffer et à me décoiffer, pour m'amuser. Vous n'étiez donc pas heureuse à la campagne, dit la bergère? Je ne l'étais pas à la ville non plus, répondit Aurore. Si je jouais, je perdais mon argent; si j'étais dans une assemblée, je voyais mes compagnes mieux habillées que moi, et cela me chagrinait beaucoup; si j'allais au bal, je n'étais occupée qu'à chercher des défauts à celles qui dansaient mieux que moi; enfin, je n'ai jamais passé un jour sans avoir du chagrin. Ne vous plaignez donc plus de la Providence, lui dit la bergère; en vous conduisant dans cette solitude, elle vous a ôté plus de chagrins que de plaisirs; mais ce n'est pas tout. Vous auriez été par la suite encore plus malheureuse; car enfin, on n'est pas toujours jeune; le tems du bal et de la comédie passe; quand on devient vieille, et qu'on veut toujours être dans les assemblées, les jeunes gens se moquent; d'ailleurs on ne peut plus danser, on n'oserait plus se coîffer; il faut donc s'ennuyer à mourir, et être fort malheureuse. Mais, ma bonne mère, dit Aurore, on ne peut pourtant pas rester seule; la journée paraît longue comme un an, quand on n'a pas compagnie. Je vous demande pardon, ma chère, répondit la bergère : je suis seule ici, et les années me paraissent courtes comme les jours. Si vous voulez, je vous apprendrai le secret de ne vous ennuyer jamais. Je le veux bien, dit Aurore; vous pouvez me gouverner comme vous le jugerez à propos, je veux vous obéir. La bergère, profitant de la bonne volonté d'Aurore, lui écrivit sur un papier tout ce qu'elle devait faire. Toute la journée était partagée entre la prière, la lecture, le travail et la promenade. Il n'y avait pas d'horloge dans ce bois, et Aurore ne savait pas quelle heure il était ; mais la bergère connaissait l'heure par le soleil : elle dit à Aurore de venir dîner ; ma mère, dit cette belle fille à la bergère, vous dînez de bonne heure ; il n'y a pas long-tems que nous sommes levées. Il est pourtant deux heures, reprit la bergère en souriant, et nous sommes levées depuis cinq heures ; mais, ma fille, quand on s'occupe utilement, le tems passe bien vîte, et jamais on ne s'ennuie. Aurore, charmée de ne plus sentir l'ennui, s'appliqua de tout son cœur à la lecture et au travail ; et elle se trouvait mille fois plus heureuse au milieu de ses occupations champêtres, qu'à la ville. Je vois bien, disait-elle à la bergère, que Dieu fait tout pour notre bien. Si ma mère n'avait pas été injuste et cruelle à mon égard, je serais restée dans mon ignorance ; et la vanité, l'oisiveté, le desir de plaire, m'auraient rendue méchante et malheureuse. Il y avait un an qu'Aurore était chez la bergère, lorsque le frère du roi vint chasser dans le bois où elle gardait ses moutons. Il se nommait *Ingénu*, et c'était le meilleur prince du monde; mais le roi, son frère, qui s'appelait *Fourbin*, ne lui ressemblait pas; car il n'avait de plaisir qu'à tromper ses voisins, et à maltraiter ses sujets. Ingénu fut charmé de la beauté d'Aurore, et lui dit qu'il se croirait fort heureux si elle voulait l'épouser. Aurore le trouvait fort aimable; mais elle savait qu'une fille qui est sage, n'écoute point les hommes qui leur tiennent de pareils discours. Monsieur, dit-elle à Ingénu, si ce que vous me dites est vrai, vous irez trouver ma mère qui est une bergère : elle demeure dans cette petite maison que vous voyez tout là-bas : si elle veut bien que vous soyez mon mari, je le voudrai bien aussi; car elle est si sage et si raisonnable, que je ne lui désobéis jamais. Ma belle fille, reprit Ingénu, j'irai de tout mon cœur vous demander à votre mère; mais je ne voudrais pas vous épouser malgré vous; si elle consent que vous soyez ma femme, cela peut-être vous donnera du chagrin, et j'aimerais mieux mourir que de vous causer de la peine. Un homme qui pense comme cela a de la vertu, dit Aurore, et une fille ne peut être malheureuse avec un homme vertueux. Ingénu quitta Aurore, et fut trouver la bergère qui connaissait sa vertu, et qui consentit de bon cœur à son mariage : il lui promit de revenir dans trois jours pour voir Aurore avec elle, et partit le plus content du monde, après lui avoir donné sa bague pour gage. Cependant Aurore avait beaucoup d'impatience de retourner à la petite maison. Ingénu lui avait paru si aimable, qu'elle craignait que celle qu'elle appelait sa mère, ne l'eût rebuté. Mais la bergère lui dit : Ce n'est pas parce qu'Ingénu est prince que j'ai consenti à votre mariage avec lui, mais parce qu'il est le plus honnête homme du monde. Aurore attendait avec quelqu'impatience le retour du prince ; mais le second jour après son départ, comme elle ramenait son troupeau, elle se laissa tomber si malheureusement dans un buisson, qu'elle se déchira tout le visage. Elle se regarda bien vîte dans un ruisseau, et elle se fit peur ; car le sang lui coulait de tous les côtés. Ne suis-je pas bien malheureuse, dit-elle à la bergère en rentrant dans la maison ; Ingénu viendra demain matin, et il ne m'aimera plus, tant il me trouvera horrible. La bergère lui dit en souriant : Puisque le bon Dieu a permis que vous soyez tombée, sans doute que c'est pour votre bien ; car vous savez qu'il vous aime, et qu'il sait mieux que vous ce qui vous est bon. Aurore reconnut sa faute ; car c'en est une de murmurer contre la Providence, et elle dit en elle-même : Si le prince Ingénu ne veut plus m'épouser, parce que je ne suis plus belle, apparemment que j'aurais été malheureuse avec lui. Cependant la bergère lui lava le visage, et lui arracha plusieurs épines qui étaient enfoncées dedans. Le lendemain matin, Aurore était effroyable ; car son visage était horriblement enflé, et on ne lui voyait pas les yeux. Sur les dix heures du matin, on entendit un carrosse s'arrêter devant la porte ; mais, au lieu d'Ingénu, on en vit descendre le roi Fourbin. Un des courtisans qui étaient à la chasse avec le prince, avait dit au roi que son frère avait rencontré la plus belle fille du monde, et qu'il voulait l'épouser. Vous êtes bien hardi de vouloir vous marier sans ma permission, dit Fourbin à son frère: pour vous punir, je veux épouser cette fille, si elle est aussi belle qu'on le dit. Fourbin, en entrant chez la bergère, lui demanda où était sa fille. La voici, répondit la bergère en montrant Aurore. Quoi ! ce monstre-là, dit le roi, et n'avez-vous point une autre fille, à laquelle mon frère a donné sa bague? La voici à mon doigt, répondit Aurore. A ces mots, le roi fit un grand éclat de rire, et dit : Je ne croyais pas mon frère de si mauvais goût ; mais je suis charmé de pouvoir le punir. En même tems il commande à la bergère de mettre un voile sur la tête d'Aurore ; et, ayant envoyé chercher le prince Ingénu, il lui dit : Mon frère, puisque vous aimez la belle Aurore, je veux que vous l'épousiez tout-à-l'heure. Et moi, je ne veux tromper personne, dit Aurore en arrachant son voile ; regardez mon visage, Ingénu ; je suis devenue bien horrible depuis trois jours ; voulez-vous encore m'épouser ? Vous paraissez plus aimable que jamais à mes yeux, dit le prince ; car je reconnais que vous êtes plus vertueuse encore que je ne croyais. En même tems il lui donna la main, et Fourbin riait de tout son cœur. Il commanda donc qu'ils fussent mariés sur-le-champ ; mais ensuite il dit à Ingénu : Comme je n'aime pas les monstres, vous pouvez demeurer avec votre femme dans cette cabane, je vous défends de l'amener à la cour ; en même tems, il remonta dans son carrosse, et laissa Ingénu transporté de joie. Eh bien ! dit la bergère à Aurore, croyez-vous encore être malheureuse d'avoir tombé ? Sans cet accident, le roi serait devenu amoureux de vous, et si vous n'aviez pas voulu l'épouser, il eût fait mourir Ingénu. Vous avez raison, ma mère, reprit Aurore; mais pourtant je suis devenue laide à faire peur, et je crains que le prince n'ait du regret de m'avoir épousée. Non, je vous assure, reprit Ingénu : on s'accoutume au visage d'une laide, mais on ne peut s'accoutumer à un mauvais caractère. Je suis charmée de vos sentimens, dit la bergère; mais Aurore sera encore belle; j'ai une eau qui guérira son visage. Effectivement, au bout de trois jours, le visage d'Aurore devint comme auparavant; mais le prince la pria de porter toujours son voile; car il avait peur que son méchant frère ne l'enlevât, s'il la voyait.

Cependant, Fourbin qui voulait se marier, fit partir plusieurs peintres pour lui apporter les portraits des plus belles filles. Il fut enchanté de celui d'Aimée, sœur d'Aurore; et, l'ayant fait venir à sa cour, il l'épousa. Aurore eut beaucoup d'inquiétude, quand elle sut que sa sœur était reine ; elle n'osait plus sortir ; car elle savait combien cette sœur était méchante, et combien elle la haïssait. Au bout d'un an, Aurore eut un fils qu'on nomma *Beaujour*, et elle l'aimait uniquement. Ce petit prince, lorsqu'il commença à parler, montra tant d'esprit, qu'il faisait tout le plaisir de ses parens. Un jour qu'il était devant la porte avec sa mère, elle s'endormit, et, quand elle se réveilla, elle ne trouva plus son fils. Elle jeta de grands cris, et courut par toute la forêt pour le chercher. La bergère avait beau la faire souvenir qu'il n'arrive rien que pour notre bien, elle eut toutes les peines du monde à la consoler ; mais le lendemain elle fut contrainte d'avouer que la bergère avait raison. Fourbin et sa femme, enragés de n'avoir point d'enfans, envoyèrent des soldats pour tuer leur neveu ; et, voyant qu'on ne pouvait le trouver, ils mirent Ingénu, sa femme et la bergère dans une barque, et les firent exposer sur la mer, afin qu'on n'entendît jamais parler d'eux.

Pour cette fois, Aurore crut qu'elle devait se croire fort malheureuse ; mais la bergère lui répétait toujours : Que Dieu faisait tout pour le mieux. Comme il faisait un très-beau tems, la barque vogua tranquillement pendant trois jours, et aborda à une ville qui était sur le bord de la mer.

Le roi de cette ville avait une grande guerre, et les ennemis l'assiégèrent le lendemain. Ingénu qui avait du courage, demanda quelques troupes au roi ; il fit plusieurs sorties, et il eut le bonheur de tuer l'ennemi qui assiégeait la ville. Les soldats, ayant perdu leur commandant, s'enfuirent, et le roi qui était assiégé, n'ayant point d'enfans, adopta Ingénu pour son fils, afin de lui marquer sa reconnaissance. Quatre ans après, on apprit que Fourbin était mort de chagrin d'avoir épousé une méchante femme, et le peuple qui la haïssait, la chassa honteusement, et envoya des ambassadeurs à Ingénu, pour lui offrir la couronne.

Il s'embarqua avec sa femme et la bergère ; mais, une grande tempête étant survenue, ils firent naufrage, et se trouvèrent dans une île déserte. Aurore, devenue sage par tout ce qui lui était arrivé, ne s'affligea point, et pensa que c'était pour leur bien que Dieu avait permis ce naufrage : ils mirent un grand bâton sur le rivage, et le tablier blanc de la bergère au bout de ce bâton, afin d'avertir les vaisseaux qui passeraient par-là, de venir à leur secours. Sur le soir, ils virent venir une femme qui portait un petit enfant, et Aurore ne l'eut pas plutôt regardé, qu'elle reconnut son fils Beaujour. Elle demanda à cette femme où elle avait pris cet enfant, et elle lui répondit : que son mari qui était un corairse, l'avait enlevé ; mais, qu'ayant fait naufrage proche de cette île, elle s'était sauvée avec l'enfant qu'elle tenait alors dans ses bras.

Deux jours après, des vaisseaux qui cherchaient les corps d'Ingénu et d'Aurore,

rore, qu'on croyait péris, virent ce linge blanc, et, étant venus dans l'île, ils menèrent leur roi et sa famille dans leur royaume. Et quelqu'accident qu'il arriva à Aurore, elle ne murmura jamais, parce qu'elle savait, par son expérience, que les choses qui nous paraissent des malheurs, sont souvent la cause de notre félicité.

JOLIETTE,

OU

LE DANGER DE RAPPORTER.

CONTE.

Il y avait une fois un seigneur et une dame qui étaient mariés depuis plusieurs années, sans avoir d'enfans : ils croyaient qu'il ne leur manquait que cela pour être heureux, car ils étaient riches et estimés de tout le monde. A la fin, ils eurent une fille, et toutes les fées qui étaient dans le pays vinrent à son baptême, pour lui faire des dons.

L'une dit qu'elle serait belle comme un ange ; l'autre, qu'elle danserait à ravir ; une troisième, qu'elle ne serait jamais malade ; une quatrième, qu'elle aurait beaucoup d'esprit. La mère était bien joyeuse de tous les dons qu'on faisait à sa fille : belle, spirituelle, une bonne santé, des talens. Qu'est-ce qu'on pouvait donner de mieux à cet enfant qu'on nommait *Joliette ?* On se mit à table pour se divertir ; mais, lorsqu'on eut à moitié soupé, on vint dire au père de Joliette, que la reine des fées qui passait par-là, voulait entrer. Toutes les fées se levèrent pour aller au devant de leur reine ; mais elle avait un visage si sévère qu'elle les fit toutes trembler. « Mes sœurs, dit-elle, lorsqu'elle fut assise, est-ce ainsi que vous employez le pouvoir que vous avez reçu du ciel ? Pas une de vous n'avez pensé à douer Joliette d'un bon cœur, d'inclinations vertueuses. Je vais tâcher de remédier au mal que vous lui avez fait. *Je la doue d'être muette jusqu'à l'âge de vingt ans.* Plût à Dieu qu'il fût en mon pouvoir de lui ôter absolument l'usage de la langue ». En même tems la fée disparut, et laissa le père et la mère de Joliette dans le plus grand désespoir du monde, car ils ne concevaient rien de plus triste que d'avoir une fille muette.

Cependant Joliette devenait charmante ; elle s'efforçait de parler quand elle eut deux ans, et l'on connaissait par ses petits gestes qu'elle entendait tout ce qu'on lui disait, et qu'elle mourait d'envie de répondre. On lui donna toutes sortes de maîtres, et elle apprenait avec une promptitude surprenante : elle avait tant d'esprit qu'elle se faisait entendre par gestes, et rendait compte à sa mère de tout ce qu'elle voyait ou entendait. D'abord on admirait cela ; mais le père qui était un homme de bon sens, dit à sa femme : « ma chère, vous laissez prendre une mauvaise habitude à Joliette ; c'est un petit espion. Qu'avons-nous besoin de savoir tout ce qui se fait dans la ville ? On ne se méfie pas d'elle, parce qu'elle est un enfant, et qu'on sait qu'elle ne peut pas parler ; et elle vous fait savoir tout ce qu'elle entend : il faut la corriger de ce défaut ; il n'y a rien de plus vilain que d'être une rapporteuse.

La mère qui idolâtrait Joliette, et qui était naturellement curieuse, dit à son mari qu'il n'aimait pas cette pauvre enfant, parce qu'elle avait le défaut d'être muette ; qu'elle était déjà assez malheureuse avec son infirmité, et qu'elle ne pouvait se résoudre à la rendre encore plus misérable en la contredisant. Le mari qui ne se paya pas de ces mauvaises raisons, prit Joliette en particulier, et lui dit : « ma chère enfant, vous me chagrinez. La bonne fée qui vous a rendu muette avait sans doute prévu que vous seriez une rapporteuse ; mais à quoi cela sert-il que vous ne puissiez parler, puisque vous vous faites entendre par signes ? Savez-vous ce qu'il en arrivera ? vous vous ferez haïr de tout le monde ; on vous fuira comme si vous aviez la peste, et on aura raison, car vous causerez plus de mal que cette affreuse maladie. Un rapporteur brouille tout le monde, et cause des maux épouvantables : pour moi, si vous ne vous corrigez pas, je souhaiterais de tout mon cœur que vous fussiez aussi aveugle et sourde ».

Joliette n'était pas méchante, c'était par étourderie qu'elle découvrait tout ce qu'elle avait vu; ainsi, elle lui promit par signe qu'elle se corrigerait. Elle en avait intention; mais deux ou trois jours après, elle entendit une dame qui se moquait d'une de ses amies: elle savait écrire alors, et elle mit sur un papier ce qu'elle avait entendu. Elle avait écrit cette conversation avec tant d'esprit que sa mère ne put s'empêcher de rire de ce qu'il y avait de plaisant, et d'admirer le style de sa fille. Joliette avait de la vanité : elle fut si contente des louanges que sa mère lui donna, qu'elle écrivait tout ce qui se passait devant elle. Ce que son père lui avait prédit arriva; elle se fit haïr de tout le monde. On se cachait d'elle; on parlait bas quand elle entrait, et on craignait de se trouver dans les assemblées dont elle était priée. Malheureusement pour elle son père mourut, quand elle n'avait que douze ans ; et, personne ne lui faisant plus honte de son défaut, elle prit une telle habitude de rapporter, qu'elle le faisait même sans y penser : elle passait toute la journée à espionner les domestiques qui la haïssaient comme la mort ; si elle allait dans un jardin, elle faisait semblant de dormir pour entendre les discours de ceux qui se promenaient. Mais, comme plusieurs parlaient à-la-fois, et qu'elle n'avait pas assez de mémoire pour retenir ce que l'on disait, elle faisait dire aux uns ce que les autres avaient dit ; elle écrivait le commencement d'un discours, sans en entendre la fin ; ou la fin, sans en savoir le commencement. Il n'y avait pas de semaine qu'il n'y eut vingt tracasseries ou querelles dans la ville ; et, quand on venait à examiner d'où venaient ces bruits, on découvrait que cela provenait des rapports de Joliette. Elle brouilla sa mère avec toutes ses amies, et fit battre trois ou quatre personnes.

Cela dura jusqu'au jour où elle eut vingt ans ; elle attendait ce jour avec une grande impatience, pour parler tout à son aise : il vint enfin, et la reine des fées se présentant devant elle, lui dit : Joliette, avant de vous rendre l'usage de la parole, dont certainement vous abuserez, je vais vous faire voir tous les maux que vous avez causés par vos rapports. En même tems elle lui présenta un miroir, et elle y vit un homme suivi de trois enfans qui demandaient l'aumône avec leur père.

Je ne connais pas cet homme, dit Joliette, qui parlait pour la première fois ; quel mal lui ai-je causé ? Cet homme était un riche marchand, lui répondit la fée ; il avait dans son magasin beaucoup de marchandises; mais il manquait d'argent comptant. Cet homme vint emprunter une somme à votre père, pour payer une lettre-de-change ; vous écoutiez à la porte du cabinet, et vous fîtes connaître la situation de ce marchand à plusieurs personnes à qui il devait de l'argent ; cela lui fit perdre son crédit, tout le monde voulut être payé, et, la justice s'étant mêlée de cette affaire, le pauvre homme et ses enfans sont réduits à l'aumône depuis neuf ans. Ah ! mon Dieu, madame, dit Joliette, je suis au désespoir d'avoir commis ce crime ; mais je suis riche, je veux réparer le mal que j'ai fait, en rendant à cet homme le bien que je lui ai fait perdre par mon imprudence.

Après cela, Joliette vit une belle femme dans une chambre, dont les fenêtres étaient garnies de grilles de fer ; elle était couchée sur de la paille, ayant une cruche d'eau et un morceau de pain à côté d'elle ; ses grands cheveux noirs tombaient sur ses épaules, et son visage était baigné de ses larmes. Ah ! mon Dieu, dit Joliette, je connais cette dame ; son mari l'a menée en France depuis deux ans, et il a écrit qu'elle était morte. Serait-il bien possible que je fusse la cause de l'affreuse situation de cette dame ? Oui, Joliette, reprit la fée ; mais ce qu'il y a de plus terrible, c'est que vous êtes encore la cause de la mort d'un homme que le mari de cette dame a tué. Vous souvenez-vous qu'un soir, étant dans un jardin, sur un banc, vous fîtes semblant de dormir, pour entendre ce que disaient ces deux personnes ; vous comprîtes par leurs discours qu'ils s'aimaient, et vous le fîtes savoir à toute la ville. Ce bruit vint jusqu'aux oreilles du mari de cette dame qui est un homme fort jaloux ; il tua ce cavalier, et a mené cette dame en France ; il l'a fait passer pour morte, afin de pouvoir la tourmenter plus long-tems ; cependant cette pauvre dame était innocente. Le gentilhomme lui parlait de l'amour qu'il avait pour une de ses cousines qu'il voulait épouser ; mais comme ils parlaient bas ; vous n'avez entendu que la moitié de leur conversation, que vous avez écrite, et cela a causé ces horribles malheurs. Ah! s'écria Joliette, je suis une malheureuse, je ne mérite pas de voir le jour. Attendez, avant de vous condamner, que vous ayez connu tous vos crimes, lui dit la fée. Regardez cet homme couché dans ce cachot, couvert de chaînes; vous avez découvert une conversation fort innocente que tenait cet homme, et, comme vous ne l'aviez écoutée qu'à moitié, vous avez cru entendre qu'il était d'intelligence avec les ennemis du roi. Un jeune étourdi, fort méchant homme, une femme aussi babillarde que vous, qui n'aimait pas ce pauvre homme qui est prisonnier, ont répété et augmenté ce que vous leur aviez fait entendre de cet homme; ils l'ont fait mettre dans ce cachot, d'où il ne sortira que pour assommer le rapporteur à coups de bâton, et vous traiter comme la dernière des femmes, si jamais il vous rencontre. Après cela, la fée montra à Joliette quantité de domestiques sur le pavé, et manquant de pain; des maris séparés de leurs femmes; des enfans déshérités par leurs pères ; et tout cela, à cause de ces rapports. Juliette était inconsolable, et promit de se corriger. Vous êtes trop vieille pour vous corriger, lui dit la fée ; des défauts qu'on a nourris jusqu'à vingt ans, ne se corrigent pas après cela, quand on le veut ; je ne sais qu'un remède à ce mal ; c'est d'être aveugle, sourde et muette, pendant dix ans, et de passer tout ce tems à réfléchir sur les malheurs que vous avez causés. Juliette n'eut pas le courage de consentir à un remède qui lui paraissait si terrible; elle promit pourtant de ne rien épargner pour devenir silencieuse ; mais la fée lui tourna le dos sans vouloir l'écouter ; car elle savait bien que, si elle avait eu une vraie envie de se corriger, elle en aurait pris les moyens. Le monde est plein de ces sortes de gens qui disent : Je suis bien fâché d'être gourmand, colère, menteur ; je souhaiterais de tout mon cœur de me corriger. Ils mentent assurément, car si on leur dit ; pour corriger votre gourmandise, il ne faut jamais manger hors de vos repas, et rester toujours sur votre appétit, quand vous sortez de table. Pour vous guérir de votre colère, il faut vous imposer une bonne pénitence, toutes les fois que vous vous emporterez. Si, dis-je, on leur dit de se servir de ces moyens, ils répondent : cela est trop difficile ; c'est-à-dire, qu'ils voudraient que Dieu fît un miracle pour les corriger tout d'un coup, sans qu'il leur en coûtât aucune peine. Voilà précisément comme pensait Joliette ; mais, avec cette fausse bonne volonté, on ne se corrige de rien. Comme elle était détestée de toutes les personnes qui la connaissaient, malgré son esprit, sa beauté et ses talens, elle résolut d'aller demeurer dans un autre pays. Elle vendit donc tout son bien, et partit avec sa sotte mère. Elles arrivèrent dans une grande ville, où l'on fut d'abord charmé de Joliette. Plusieurs seigneurs la demandèrent en mariage, et elle en choisit un qu'elle aimait passionnément. Elle vécut un an fort heureuse avec lui. Comme la ville dans laquelle elle demeurait, était bien grande, on ne connut pas sitôt qu'elle était une rapporteuse, parce qu'elle voyait beaucoup de gens, qui ne se connaissaient pas les uns et les autres. Un jour, après souper, son mari parlait de plusieurs personnes, et il vint à dire, qu'un tel seigneur, n'était pas un fort honnête homme, parce qu'il lui avait vu faire plusieurs mauvaises actions. Deux jours après, Joliette étant dans une grande mascarade, un homme couvert d'un domino, la pria de danser, et vint ensuite s'asseoir auprès d'elle. Comme elle parlait bien, il s'amusa beaucoup de sa conversation, d'autant plus qu'elle savait toutes les histoires scandaleuses de la ville, et qu'elle les racontait avec beaucoup d'esprit. La femme du seigneur, dont son mari lui avait parlé, vint à danser, et Joliette dit à ce masque, qui avait un domino : cette femme est fort aimable ; c'est bien dommage qu'elle soit mariée à un malhonnête homme. Connaissez-vous le mari dont vous parlez si mal, lui demanda le masque ? Non, répondit Joliette ; mais mon mari qui le connaît parfaitement, m'a raconté plusieurs vilaines histoires qui sont sur son compte ; et tout de suite, Joliette raconta ces histoires, qu'elle augmenta, selon la mauvaise habitude qu'elle avait prise, afin d'avoir occasion de faire briller son esprit. Le masque l'écouta très-attentivement, et elle était fort aise de l'attention qu'il lui donnait, parce qu'elle pensait qu'il l'admirait. Quand elle eut fini, il se leva, et un quart-d'heure après, on vint dire à Joliette que son mari se mourait, parce qu'il s'était battu contre un homme auquel il avait ôté la réputation. Joliette courut toute en pleurs, au lieu où était son mari qui n'avait plus qu'un quart-d'heure à vivre. Retirez-vous, mauvaise créature, lui dit cet homme mourant. C'est votre langue et vos rapports qui m'ôtent la vie ; et, peu de tems après, il expira. Joliette, qui l'aimait à la folie, le voyant mort, se jeta toute furieuse sur son épée, et se la passa au travers du corps. Sa mère, qui vit cet horrible spectacle, en fut si saisie, qu'elle en tomba malade de chagrin, et mourut aussi en maudissant sa curiosité, et la sotte complaisance qu'elle avait eue pour sa fille, dont elle avait causé la perte.

BELOTE ET LAIDRONETTE

CONTE.

Il y avait une fois un seigneur qui avait deux filles jumelles, à qui l'on avait donné deux noms qui leur convenaient parfaitement. L'aînée, qui était très-belle, fut nommée *Belote*; et la seconde, qui était fort laide, fut nommée *Laidronette*. On leur donna des maîtres, et, jusqu'à l'âge de douze ans, elles s'appliquèrent à leurs exercices ; mais alors leur mère fit une sottise, car, sans penser qu'il leur restait encore bien des choses à apprendre, elle les mena avec elle dans les assemblées. Comme ces deux filles aimaient à se divertir, elles furent bien contentes de voir le monde, et elles n'étaient plus occupées que de cela, même pendant le tems de leurs leçons ; ensorte que leurs maîtres commencèrent à les ennuyer. Elles trouvèrent mille prétextes pour ne plus apprendre ; tantôt il fallait célébrer le jour de leur naissance ; une autrefois, elles étaient priées à un bal, à une assemblée, et il fallait passer le jour à se coiffer ; ensorte qu'on écrivait souvent des cartes aux maîtres, pour les prier de ne point venir. D'un autre côté, les maîtres qui voyaient que les deux petites filles ne s'appliquaient plus, ne se souciaient pas beaucoup de leur donner des leçons ; car dans ce pays, les maîtres ne donnaient pas leçon seulement pour gagner de l'argent, mais pour avoir le plaisir de voir avancer leurs écolières. Ils n'y allaient donc guère souvent, et les jeunes filles en étaient bien aises. Elles vécurent ainsi jusqu'à quinze ans, et à cet âge, Belote était devenue si belle, qu'elle faisait l'admiration de tous ceux qui la voyaient. Quand la mère menait ses filles en campagne, tous les cavaliers faisaient la cour à Belote; l'un louait sa bouche; l'autre, ses yeux, sa main, sa taille, et, pendant qu'on lui donnait toutes ces louanges, on ne pensait seulement pas que sa sœur fût au monde. Laidronette mourait de dépit d'être laide, et bientôt elle prit un grand dégoût pour le monde et les compagnies, où tous les honneurs et les préférences étaient pour sa sœur. Elle commença donc à souhaiter de ne plus sortir; et, un jour qu'elles étaient priées à une assemblée qui devait finir par un bal, elle dit à sa mère, qu'elle avait mal à la tête, et qu'elle souhaitait de rester à la maison. Elle s'y ennuya d'abord à mourir, et, pour passer le tems, elle fut à la bibliothèque de sa mère, pour chercher un roman, et fut bien fâchée de ce que sa sœur en avait emporté la clé. Son père avait aussi une bibliothèque; mais c'était des livres sérieux, et elle les haïssait beaucoup. Elle fut pourtant forcée d'en prendre un : c'était un recueil de lettres, et, en ouvrant le livre, elle trouva celle que je vais vous rapporter :

« Vous me demandez d'où vient que la plus grande partie des belles personnes sont extrêmement sottes et stupides ? Je crois pouvoir vous en dire la raison. Ce n'est pas qu'elles aient moins d'esprit que les autres, en venant au monde ; mais c'est qu'elles négligent de le cultiver. Toutes les femmes ont de la vanité ; elles veulent plaire. Une laide connaît qu'elle ne peut être aimée à cause de son visage, cela lui donne la pensée de se distinguer par son esprit. Elle étudie donc beaucoup, et elle parvient à devenir aimable, malgré la nature. La belle, au contraire, n'a qu'à se montrer pour plaire, sa vanité est satisfaite : comme elle ne réfléchit jamais, elle ne pense pas que sa beauté n'aura qu'un tems ; d'ailleurs elle est si occupée de sa parure, du soin de courir les assemblées pour se montrer, pour recevoir des louanges, qu'elle n'aurait pas le tems de cultiver son esprit, quand même elle en connaîtrait la nécessité. Elle devient donc une sotte, toute occupée de puérilités, de chiffons, de spectacles; cela dure jusqu'à trente ans, quarante ans au plus, pourvu que la petite vérole, ou quelqu'autre maladie, ne vienne pas déranger sa beauté plutôt. Mais quand on n'est plus jeune, on ne peut plus rien apprendre; ainsi, cette belle fille, qui ne l'est plus, reste une sotte pour toute sa vie, quoique la nature lui ait donné autant d'esprit qu'à une autre; au lieu que la laide, qui est devenue fort aimable, se moque des maladies et de la vieillesse, qui ne peuvent rien lui ôter ».

Laidronette, après avoir lu cette lettre qui semblait avoir été écrite pour elle, résolut de profiter des vérités qu'elle lui avait découvertes. Elle redemande ses maîtres, s'applique à la lecture, fait de bonnes réflexions sur ce qu'elle lit, et, en peu de tems, devient une fille de mérite. Quand elle était obligée de suivre sa mère dans les compagnies, elle se mettait tou-

jours à côté des personnes en qui elle remarquait de l'esprit et de la raison ; elle leur faisait des questions, et retenait toutes les bonnes choses qu'elle leur entendait dire ; elle prit même l'habitude de les écrire, pour mieux s'en souvenir ; et, à dix-sept ans, elle parlait et écrivait si bien, que toutes les personnes de mérite se faisaient un plaisir de la connaître, et d'entretenir un commerce de lettres avec elle. Les deux sœurs se marièrent le même jour : Belote épousa un jeune prince qui était charmant, et qui n'avait que vingt-deux ans. Laidronette épousa le ministre de ce prince : c'était un homme de quarante-cinq ans. Il avait reconnu l'esprit de cette fille, et il l'estimait beaucoup ; car le visage de celle qu'il prenait pour sa femme, n'était pas propre à lui inspirer de l'amour ; et il avoua à Laidronette qu'il n'avait que de l'amitié pour elle ; c'était justement ce qu'elle demandait, et elle n'était point jalouse de sa sœur qui épousait un prince, qui était si fort amoureux
d'elle,

d'elle, qu'il ne pouvait la quitter une minute, et qu'il rêvait d'elle toute la nuit. Belote fut fort heureuse pendant trois mois ; mais, au bout de ce tems, son mari qui l'avait vue tout à son aise, commença à s'accoutumer à sa beauté, et à penser qu'il ne fallait pas renoncer à tout pour sa femme. Il fut à la chasse, et fit d'autres parties de plaisir d'où elle n'était pas, ce qui parut fort extraordinaire à Belote ; car elle s'était persuadée que son mari l'aimerait toujours de la même force ; et elle se crut la plus malheureuse personne du monde, quand elle vit que son amour diminuait. Elle lui en fit des plaintes ; il se fâcha : ils se raccommodèrent ; mais comme ces plaintes recommençaient tous les jours, le prince se fatigua de l'entendre. D'ailleurs Belote, ayant eu un fils, elle devint maigre, et sa beauté diminua considérablement ; en sorte qu'à la fin, son mari, qui n'aimait en elle que cette beauté, ne l'aima plus du tout. Le chagrin qu'elle en conçut acheva de gâter son visage; et, comme elle ne savait rien, sa conversation était fort ennuyeuse. Les jeunes gens s'ennuyaient avec elle, parce qu'elle était triste; les personnes plus âgées, et qui avaient du bon sens, s'ennuyaient aussi avec elle, parce qu'elle était sotte; en sorte qu'elle restait seule presque toute la journée. Ce qui augmentait son désespoir, c'est que sa sœur Laidronette était la plus heureuse personne du monde. Son mari la consultait sur les affaires; il lui confiait tout ce qu'il pensait; il se conduisait par ses conseils, et disait par-tout que sa femme était le meilleur ami qu'il eût au monde. Le prince même, qui était un homme d'esprit, se plaisait dans la conversation de sa belle sœur, et disait qu'il n'y avait pas moyen de rester une demi-heure sans bâiller avec Belotte, parce qu'elle ne savait parler que de coiffures et d'ajustemens, en quoi il ne connaissait rien. Son dégoût pour sa femme devint tel, qu'il l'envoya à la campagne, où elle eut le tems de s'ennuyer tout à son aise, et où elle serait morte de chagrin, si sa sœur Laidronette n'avait pas eu la charité de l'aller voir le plus souvent qu'elle pouvait. Un jour qu'elle tâchait de la consoler, Belote lui dit : Mais, ma sœur, d'où vient donc la différence qu'il y a entre vous et moi ? Je ne puis pas m'empêcher de voir que vous avez beaucoup d'esprit, et que je ne suis qu'une sotte ; cependant, quand nous étions jeunes, on disait que j'en avais, pour le moins, autant que vous. Laidronette alors raconta son aventure à sa sœur, et lui dit : Vous êtes fort fâchée contre votre mari, parce qu'il vous a envoyée à la campagne ; et cependant cette chose, que vous regardez comme le plus grand malheur de votre vie, peut faire votre bonheur, si vous le voulez. Vous n'avez pas encore dix-neuf ans, ce serait trop tard pour vous appliquer, si vous étiez dans la dissipation de la ville ; mais la solitude dans laquelle vous vivez, vous laisse tout le tems nécessaire pour cultiver votre esprit. Vous n'en manquez pas, ma chère sœur ; mais il faut l'orner par la lecture et les réflexions. Belote trouva d'abord beaucoup de difficulté à suivre les conseils de sa sœur, par l'habitude qu'elle avait contractée de perdre son tems en niaiseries ; mais, à force de se gêner, elle y réussit, et fit des progrès surprenans dans toutes les sciences, à mesure qu'elle devenait aussi raisonnable ; et, comme la philosophie la consolait de ses malheurs, elle reprit son embonpoint, et devint plus belle qu'elle n'avait jamais été ; mais elle ne s'en souciait plus du tout, et ne daignait pas même se regarder dans le miroir. Cependant, son mari avait pris un si grand dégoût pour elle, qu'il fit casser son mariage. Ce dernier malheur pensa l'accabler ; car elle aimait tendrement son mari ; mais sa sœur Laidronette vint à bout de la consoler. Ne vous affligez pas, lui disait-elle, je sais le moyen de vous rendre votre mari ; suivez seulement mes conseils, et ne vous embarrassez de rien. Comme le prince avait eu un fils de Belote, qui devait être son héritier, il ne se pressa point de prendre une autre femme, et ne pensa qu'à se bien divertir. Il goûtait extrêmement la conversation de Laidronette, et lui disait quelquefois qu'il ne se marierait jamais, à moins qu'il ne trouvât une femme qui eût autant d'esprit qu'elle. Mais, si elle était aussi laide que moi, lui répondit-elle en riant. En vérité, madame, lui dit le prince, cela ne m'arrêterait pas un moment : on s'accoutume à un laid visage ; le vôtre ne me paraît plus choquant, par l'habitude que j'ai de vous voir ; quand vous parlez, il ne s'en faut de rien que je vous trouve jolie ; et puis, à vous dire la vérité, Belote m'a dégoûté des belles ; toutes les fois que j'en rencontre une, stupide, je n'ose lui parler, dans la crainte qu'elle ne me réponde une sottise. Cependant, le tems du Carnaval arriva, et le prince crut qu'il se divertirait beaucoup, s'il pouvait courir le bal sans être connu de personne.

Il ne se confia qu'à Laidronette, et la pria de se masquer avec lui ; car, comme elle était sa belle-sœur, personne ne pouvait y trouver à redire ; et, quand on l'aurait su, cela n'aurait pu nuire à sa réputation : cependant Laidronette en demanda la permission à son mari qui y consentit, d'autant plus volontiers, qu'il avait lui-même mis cette fantaisie en tête du prince, pour faire réussir le dessein qu'il avait de le réconcilier avec Belote. Il écrivit à cette princesse abandonnée, de concert avec son épouse qui marqua en même tems à sa sœur comment le prince devait être habillé. Dans le milieu du bal, Belote vint s'asseoir entre son mari et sa sœur, et commença une conversation extrêmement agréable avec eux. D'abord, le prince crut reconnaître la voix de sa femme ; mais elle n'eut pas parlé un demi-quart-d'heure, qu'il perdit le soupçon qu'il avait eu au commencement. Le reste de la nuit passa si vîte, à ce qu'il lui sembla, qu'il se frotta les yeux quand le jour parut, croyant rêver, et demeura charmé de l'esprit de l'inconnue, qu'il ne put jamais engager à se démasquer : tout ce qu'il put en obtenir, c'est qu'elle reviendrait au premier bal avec le même habit. Le prince s'y trouva des premiers ; et, quoique l'inconnue y arrivât un quart-d'heure après lui, il l'accusa de paresse, et lui jura qu'il s'était beaucoup impatienté. Il fut encore plus charmé de l'inconnue cette seconde fois que la première, et avoua à Laidronette qu'il était amoureux comme un fou de cette personne. J'avoue qu'elle a beaucoup d'esprit, lui répondit sa confidente ; mais si vous voulez que je vous dise mon sentiment, je soupçonne qu'elle est encore plus laide que moi : elle connaît que vous l'aimez, et craint de perdre votre cœur, quand vous verrez son visage. Ah ! madame, dit le prince, que ne peut-elle lire dans mon ame ! L'amour qu'elle m'a inspiré est indépendant de ses traits ; j'admire ses lumières, l'étendue de ses connaissances, la supériorité de son esprit, et la bonté de son cœur. Comment pouvez-vous juger de la bonté de son cœur, lui dit Laidronette ? Je vais vous le dire, reprit le prince : quand je lui ai fait remarquer de belles femmes, elle les a louées de bonne foi, et elle m'a même fait remarquer avec adresse des beautés qu'elles avaient, et qui échappaient à ma vue. Quand j'ai voulu, pour l'éprouver, lui conter les mauvaises histoires qu'on mettait sur le compte de ces femmes, elle a détourné adroitement le discours, ou bien elle m'a interrompu, pour me raconter quelques belles actions de ces personnes; et enfin, quand j'ai voulu continuer, elle m'a fermé la bouche, en me disant qu'elle ne pouvait souffrir la médisance. Vous voyez bien, madame, qu'une femme qui n'est point jalouse de celles qui sont belles, une femme qui prend plaisir à dire du bien du prochain, une femme qui ne peut souffrir la médisance, doit être d'un excellent caractère, et ne peut manquer d'avoir un bon cœur. Que me manquera-t-il pour être heureux avec une telle femme, quand même elle serait aussi laide que vous le pensez? Je suis donc résolu à lui déclarer mon nom, et à lui offrir de partager ma puissance. Effectivement, dans le premier bal, le prince apprit sa qualité à l'inconnue, et lui dit : Qu'il n'y avait point de bonheur à espérer pour lui, s'il n'obtenait sa main : mais, malgré ces offres, Belote s'obstina à demeurer masquée, ainsi qu'elle en était convenue avec sa sœur. Voilà le pauvre prince dans une inquiétude épouvantable. Il pensait, comme Laidronette, que cette personne si spirituelle devait être un monstre, puisqu'elle avait tant de répugnance à se laisser voir; mais, quoiqu'il se la peignît de la manière du monde la plus désagréable, cela ne diminuait point l'attachement, l'estime et le respect qu'il avait conçu pour son esprit et pour sa vertu. Il était près de tomber malade de chagrin, lorsque l'inconnue lui dit : Je vous aime, mon prince, et je ne chercherai point à vous le

5

cacher; mais, plus mon amour est grand, plus je crains de vous perdre, quand vous me connaîtrez. Vous vous figurez, peut-être, que j'ai de grands yeux, une petite bouche, de belles dents, un tein de lis et de roses; et si, par aventure, j'allais me trouver des yeux louches, une grande bouche, un nez camard, des dents gâtées, vous me prieriez bien vîte de remettre mon masque. D'ailleurs, quand je ne serais pas si horrible, je sais que vous êtes inconstant : vous avez aimé Belote à la folie, et cependant vous vous en êtes dégoûté. Ah! madame, lui dit le prince, soyez mon juge ; j'étais jeune quand j'épousai Belote, et je vous avoue que je ne m'étais jamais occupé qu'à la regarder, et point à l'écouter; mais lorsque je fus son mari, et que l'habitude de la voir eût dissipé mon illusion, imaginez-vous si ma situation dut être bien agréable ? Quand je me trouvais seul avec mon épouse, elle me parlait d'une robe nouvelle qu'elle devait mettre le lendemain, des souliers de celle-ci, des diamans de celle-là. S'il se trouvait à ma table une personne d'esprit, et que l'on voulût parler de quelque chose de raisonnable, Belote commençait par bâiller, et finissait par s'endormir. Je voulus essayer de l'engager à s'instruire; cela l'impatienta; elle était si ignorante, qu'elle me faisait trembler et rougir toutes les fois qu'elle ouvrait la bouche. D'ailleurs, elle avait tous les défauts des sottes; quand elle s'était fourée une chose dans la tête, il n'était pas possible de l'en faire revenir, en lui donnant de bonnes raisons; car elle ne pouvait les comprendre. Elle était jalouse, médisante, méfiante. Encore, s'il m'avait été permis de me désennuyer d'un autre côté, j'aurais eu patience; mais ce n'était pas là son compte : elle eût voulu que le sot amour qu'elle m'avait inspiré eût duré toute ma vie, et m'eût rendu son esclave. Vous voyez bien qu'elle m'a mis dans la nécessité de faire casser mon mariage. J'avoue que vous étiez à plaindre, lui répondit l'inconnue; mais tout ce que vous dites ne me rassure point. Vous dites que vous m'aimez, voyez si vous serez assez hardi de m'épouser aux yeux de tous vos sujets, sans m'avoir vue. Je suis le plus heureux de tous les hommes, puisque vous ne demandez que cela, répondit le prince, venez dans mon palais avec Laidronette; et demain, dès le matin, je ferai assembler mon conseil pour vous épouser à ses yeux. Le reste de la nuit parut bien long au prince; et, avant de quitter le bal, s'étant démasqué, il ordonna à tous les seigneurs de la cour de se rendre dans son palais, et fit avertir tous ses ministres. Ce fut en leur présence qu'il raconta ce qui lui était arrivé avec l'inconnue; et, après avoir fini son discours, il jura de n'avoir jamais d'autre épouse qu'elle, telle que pût être sa figure. Il n'y eut personne qui ne crût, comme le prince, que celle qu'il épousait ainsi, ne fût horrible à voir : quelle fut la surprise de tous les assistans, lorsque Belote, s'étant démasquée, leur fit voir la plus belle personne qu'on pût imaginer ? Ce qu'il y eut de plus singulier, c'est que le prince, ni les autres, ne la reconnurent pas d'abord, tant le repos et la solitude l'avaient embellie ; on se disait seulement tout bas, que l'autre princesse lui ressemblait en laid. Le prince, extasié d'être trompé si agréablement, ne pouvait parler ; mais Laidronette rompit le silence pour féliciter sa sœur du retour de la tendresse de son époux. Quoi ! s'écria le roi, cette charmante et spirituelle personne est Belote ? Par quel enchantement a-t-elle joint aux charmes de sa figure, ceux de l'esprit et du caractère qui lui manquaient absolument ? Quelque fée favorable a-t-elle fait ce miracle en sa faveur ? Il n'y a point de miracle, reprit Belote ; j'avais négligé de cultiver les dons de la nature ; mes malheurs, la solitude et les conseils de ma sœur m'ont ouvert les yeux, et m'ont engagé à acquérir des grâces à l'épreuve du tems et des maladies. Et ces grâces m'ont inspiré un attachement à l'épreuve de l'inconstance, lui dit le prince en l'embrassant. Effectivement il l'aima toute sa vie, avec une fidélité qui lui fit oublier ses malheurs passés.

~~~~~~~~

LE PRINCE CHÉRI.

CONTE.

Il y avait une fois un roi qui était si honnête homme, que ses sujets l'appelaient le *roi bon*. Un jour qu'il était à la chasse, un petit lapin blanc, que les chiens allaient tuer, se jeta dans ses bras. Le roi caressa ce petit lapin, et dit : Puisqu'il s'est mis sous ma protection, je ne veux pas qu'on lui fasse du mal. Il porta ce petit lapin dans son palais, et il lui fit donner une jolie petite maison, et de bonnes herbes à manger. La nuit, quand il fut seul dans sa chambre, il vit paraître une belle dame ; elle n'avait point d'habits d'or et d'argent ; mais sa robe était blanche comme la neige : et, au lieu de coiffure, elle avait une couronne de roses blanches sur sa tête. Le bon roi fut bien étonné de voir cette dame; car sa porte était fermée, et il ne savait pas comment elle était entrée. Elle lui dit : Je suis la fée *Candide* ; je passais dans le bois pendant que vous chassiez, et j'ai voulu savoir si vous étiez bon, comme tout le monde le dit. Pour cela, j'ai pris la figure d'un petit lapin, et je me suis sauvée dans vos bras ; car je sais que ceux qui ont de la pitié pour les bêtes, en ont encore plus pour les hommes; et, si vous m'aviez refusé votre secours, j'aurais cru que vous étiez méchant. Je viens vous remercier du bien que vous m'avez fait, et vous assurer que je serai toujours de vos amies. Vous n'avez qu'à me demander tout ce que vous voudrez, je vous promets de vous l'accorder.

Madame, dit le bon roi, puisque vous êtes une fée, vous devez savoir tout ce que je souhaite. Je n'ai qu'un fils, que j'aime beaucoup, et pour cela, on l'a nommé le prince *Chéri* ; Si vous avez quelque bonté pour moi, devenez la bonne amie de mon fils. De bon cœur, lui dit la fée; je puis rendre votre fils le plus beau prince du monde, ou le plus riche, ou le plus puissant; choisissez ce que vous voudrez pour lui. Je ne desire rien de tout cela pour mon fils, répondit le bon roi; mais je vous serai bien obligé, si vous voulez le rendre le meilleur de tous les princes. Que lui servirait-il d'être beau, riche, d'avoir tous les royaumes du monde, s'il était méchant? Vous savez bien qu'il serait malheureux, et qu'il n'y a que la vertu qui puisse le rendre content. Vous avez bien raison, lui dit Candide; mais il n'est pas en mon pouvoir de rendre le prince Chéri honnête homme malgré lui : il faut qu'il travaille lui-même à devenir vertueux. Tout ce que je puis vous promettre, c'est de lui donner de bons conseils, de le reprendre de ses fautes, et de le punir, s'il ne veut pas se corriger et se punir lui-même.

Le bon roi fut fort content de cette promesse, et il mourut peu de tems après. Le prince Chéri pleura beaucoup son père, car il l'aimait de tout son cœur, et il aurait donné tous ses royaumes, son or et son argent pour le sauver ; mais cela n'était pas possible.

Deux jours après la mort du bon roi, Chéri étant couché, Candide lui apparut. J'ai promis à votre père, lui dit-elle, d'être de vos amies, et, pour tenir ma parole, je viens vous faire un présent. En même tems, elle mit au doigt de Chéri une petite bague d'or, et lui dit : gardez bien cette bague, elle est plus précieuse que les diamans : toutes les fois que vous ferez une mauvaise action, elle vous piquera le doigt ; mais, si malgré sa piqûre, vous continuez cette mauvaise action, vous perdrez mon amitié, et je deviendrai votre ennemie. En finissant ces paroles, Candide disparut, et laissa Chéri fort étonné. Il fut quelque tems si sage, que la bague ne le piquait point du tout, et cela le rendait si content, qu'on ajouta au nom de Chéri qu'il portait, celui d'*Heureux*. Quelques tems après, il fut à la chasse, et il ne prit rien, ce qui le mit de mauvaise humeur : il lui sembla alors que sa bague lui pressait un peu le doigt; mais, comme elle ne le piquait pas, il n'y fit pas beaucoup d'attention. En rentrant dans sa chambre, sa petite chienne Bibi vint à lui, en sautant pour le caresser ; il lui dit : retire toi, je ne suis plus d'humeur de recevoir tes caresses. La pauvre petite chienne qui ne l'entendait pas, le tirait par son habit pour l'obliger à la regarder au moins. Cela impatienta Chéri, qui lui donna un grand coup de pied. Dans le moment, la bague le piqua, comme si c'eut été une épingle : il fut bien étonné, et s'assit tout honteux dans un coin de la chambre. Il disait en lui-même : je crois que la fée se moque de moi ; quel grand mal ai-je fait pour donner un coup de pied à un animal qui m'importune ? A quoi me sert d'être maître d'un grand empire, puisque je n'ai pas seulement la liberté de battre mon chien?

Je ne me moque pas de vous, dit une voix qui répondait à la pensée de Chéri, vous avez fait trois fautes, au lieu d'une. Vous avez été de mauvaise humeur, parce que vous n'aimez pas à être contredit, et que vous croyez que les bêtes et les hommes sont faits pour obéir. Vous vous êtes mis en colère, ce qui est fort mal; et puis, vous avez été cruel à un pauvre animal qui ne méritait pas d'être maltraité. Je sais que vous êtes beaucoup au-dessus d'un chien; mais, si c'était une chose raisonnable et permise que les grands pussent maltraiter tout ce qui est au-dessous d'eux, je pourrais à ce moment vous battre, vous tuer, puisqu'une fée est plus qu'un homme. L'avantage d'être maître d'un grand empire, ne consiste pas à pouvoir faire le mal qu'on veut, mais tout le bien qu'on peut. Chéri avoua sa faute, et promit de se corriger; mais il ne tint pas sa parole. Il avait été élevé par une sotte nourrice qui l'avait gâté, quand il était petit. S'il voulait avoir une chose, il n'avait qu'à pleurer, se dépiter, frapper du pied; cette femme lui donnait tout ce qu'il demandait, et cela l'avait rendu opiniâtre. Elle lui disait aussi, depuis le matin jusqu'au soir, qu'il serait roi un jour, et que les rois étaient fort heureux, parce que tous les hommes devaient leur obéir, les respecter, et qu'on ne pouvait pas les empêcher de faire ce qu'ils voulaient. Quand Chéri avait été grand garçon et raisonnable, il avait bien connu qu'il n'y avait rien de si vilain que d'être fier, orgueilleux, opiniâtre. Il avait fait quelques efforts pour se corriger; mais il avait pris la mauvaise habitude de tous ces défauts; et une mauvaise habitude est bien difficile à détruire. Ce n'est pas qu'il eut naturellement le cœur méchant. Il pleurait de dépit quand il avait fait une faute, et il disait : je suis bien malheureux d'avoir à combattre tous les jours contre ma colère et mon orgueil : si on m'avait corrigé quand j'étais jeune, je n'aurais pas tant de peine aujourd'hui. Sa bague le piquait bien souvent; quelquefois il s'arrêtait tout court; d'autres fois, il continuait, et, ce qu'il y avait de singulier, c'est qu'elle ne le piquait qu'un peu pour une légère faute; mais, quand il était méchant, le sang sortait de son doigt. A la fin, cela l'impatienta, et, voulant être mauvais tout à son aise, il jeta sa bague. Il se crut le plus heureux de tous les hommes, quand il se fut débarrassé de ses piqûres. Il s'abandonna à toutes les sottises qui lui venaient dans l'esprit; ensorte qu'il devint très-méchant, et que personne ne pouvait plus le souffrir.

Un jour que Chéri était à la promenade, il vit une fille qui était si belle, qu'il résolut de l'épouser. Elle se nommait *Zélie*, et elle était aussi sage que belle. Chéri crut que Zélie se croirait fort heureuse de devenir une grande reine; mais cette fille lui dit avec beaucoup de liberté: Sire, je ne suis qu'une bergère, je n'ai point de fortune; mais, malgré cela, je ne vous épouserai jamais. Est-ce que je vous déplais, lui demanda Chéri un peu ému? Non, mon prince, lui répondit Zélie. Je vous trouve tel que vous êtes, c'est-à-dire fort beau; mais que serviraient votre beauté, vos richesses, les beaux habits, les carrosses magnifiques que vous me donneriez, si les mauvaises actions que je vous verrais faire chaque jour, me forçaient à vous mépriser et à vous haïr. Chéri se mit fort en colère contre Zélie, et commanda à ses officiers de la conduire de force dans son palais. Il fut occupé toute la journée du mépris que cette fille lui avait montré; mais, comme il l'aimait, il ne pouvait se résoudre à la maltraiter. Parmi les favoris de Chéri, il y avait son frère de lait, auquel il avait donné toute sa confiance. Cet homme, qui avait les inclinations aussi basses que sa naissance, flattait les passions de son maître, et lui donnait de fort mauvais conseils. Comme il vit Chéri fort triste, il lui demanda le sujet de son chagrin : le prince lui ayant répondu qu'il ne pouvait souffrir le mépris de Zélie, et qu'il était résolu de se corriger de ses défauts, puisqu'il fallait être vertueux pour lui plaire, ce méchant homme lui dit : Vous êtes bien bon, de vouloir vous gêner pour une petite fille ; si j'étais à votre place, ajouta-t-il, je la forcerais bien à m'obéir. Souvenez-vous que vous êtes roi, et qu'il serait honteux de vous soumettre aux volontés d'une bergère qui serait trop heureuse d'être reçue parmi vos esclaves. Faites-la jeûner au pain et à l'eau ; mettez-la dans une prison ; et si elle continue à ne vouloir pas vous épouser, faites-la mourir dans les tourmens, pour apprendre aux autres à céder à vos volontés. Vous serez déshonoré, si l'on sait qu'une simple fille vous résiste ; et tous vos sujets oublieront qu'ils ne sont au monde que pour vous servir. Mais, dit Chéri, ne serai-je pas déshonoré, si je fais mourir une innocente ? Car, enfin, Zélie n'est coupable

coupable d'aucun crime. On n'est point innocent, quand on refuse d'exécuter vos volontés, reprit le confident; mais je suppose que vous commettiez une injustice, il vaut bien mieux qu'on vous en accuse, que d'apprendre qu'il est quelquefois permis de vous manquer de respect, et de vous contredire. Le courtisan prenait Chéri par son faible; et la crainte de voir diminuer son autorité, fit tant d'impression sur le roi, qu'il étouffa le bon mouvement qui lui avait donné envie de se corriger. Il résolut d'aller le soir même, dans la chambre de la bergère, et de la maltraiter, si elle continuait à refuser de l'épouser. Le frère de lait de Chéri qui craignait encore quelques bons mouvemens, rassembla trois jeunes seigneurs, aussi méchans que lui, pour faire la débauche avec le roi; ils soupèrent ensemble, et ils eurent soin d'achever de troubler la raison de ce pauvre prince, en le faisant boire beaucoup. Pendant le souper, ils excitèrent sa colère contre Zélie, et lui firent tant de honte de la faiblesse qu'il avait eue pour elle, qu'il se leva comme un furieux, en jurant qu'il allait la faire obéir, ou qu'il la ferait vendre le lendemain comme une esclave.

Chéri, étant entré dans la chambre où était cette fille, fut bien surpris de ne la pas trouver ; car il avait la clé dans sa poche. Il était dans une colère épouvantable, et jurait de se venger sur tous ceux qu'il soupçonnerait d'avoir aidé Zélie à s'échapper. Ses confidens, l'entendant parler ainsi, résolurent de profiter de sa colère, pour perdre un seigneur qui avait été gouverneur de Chéri. Cet honnête homme avait pris quelquefois la liberté d'avertir le roi de ses défauts, car il l'aimait, comme si c'eut été son fils. D'abord Chéri le remerciait ; ensuite il s'impatienta d'être contredit, et puis il pensa que c'était par esprit de contradiction que son gouverneur lui trouvait des défauts, pendant que tout le monde lui donnait des louanges. Il lui commanda donc de se retirer de la cour ; mais malgré cet ordre, il disait de tems en tems que c'était un honnête homme, qu'il ne l'aimait plus ; mais qu'il l'estimait, malgré lui-même. Les confidens craignaient toujours qu'il ne prît fantaisie au roi de rappeler son gouverneur, et ils crurent avoir trouvé une occasion favorable pour se débarrasser de lui. Ils firent entendre au roi que *Suliman* (c'était le nom de ce digne homme), s'était vanté de rendre la liberté à Zélie. Trois hommes corrompus par des présens, dirent qu'ils avaient ouï tenir ce discours à Suliman ; et le prince, transporté de colère, commanda à son frère de lait d'envoyer des soldats pour lui amener son gouverneur, enchaîné comme un criminel. Après avoir donné ces ordres, Chéri se retira dans sa chambre ; mais, à peine fut-il entré, que la terre trembla ; il fit un grand coup de tonnerre, et Candide parut à ses yeux. J'avais promis à votre père, lui dit-elle, d'un ton sévère, de vous donner des conseils, et de vous punir, si vous refusiez de les suivre : vous les avez méprisés, ces conseils ; vous n'avez conservé que la figure d'homme, et vos crimes vous ont changé en un monstre, l'horreur du ciel et de la terre. Il est tems que j'achève de satisfaire à ma promesse, en vous punissant. Je vous condamne à devenir semblable aux bêtes, dont vous avez pris les inclinations. Vous vous êtes rendu semblable au lion, par la colère ; au loup, par la gourmandise ; au serpent, en déchirant celui qui avait été votre second père ; au taureau, par votre brutalité. Portez dans votre nouvelle figure, le caractère de tous ces animaux. A peine la fée avait-elle achevé ces paroles, que Chéri se vit avec horreur, tel qu'elle l'avait souhaité. Il avait la tête d'un lion, les cornes d'un taureau, les pieds d'un loup, et la queue d'une vipère. En même tems, il se trouva dans une grande forêt, sur le bord d'une fontaine, où il vit son horrible figure, et il entendit une voix qui lui dit : Regarde attentivement l'état où tu t'es réduit par tes crimes. Ton ame est devenue, mille fois plus affreuse que ton corps. Chéri reconnut la voix de Candide, et, dans sa fureur, il se retourna pour s'élancer sur elle et la dévorer, s'il lui eût été possible ; mais il ne vit personne, et la même voix lui dit : Je me moque de ta faiblesse et de ta rage. Je vais confondre ton orgueil, en te mettant sous la puissance de tes propres sujets.

Chéri crut, qu'en s'éloignant de cette fontaine, il trouverait du remède à ses maux, puisqu'il n'aurait point devant ses yeux sa laideur et sa difformité : il s'avançait donc dans le bois, mais à peine y eut-il fait quelques pas, qu'il tomba dans un trou qu'on avait fait pour prendre les ours : en même tems des chasseurs qui étaient cachés sur des arbres, descendirent, et, l'ayant enchaîné, le conduisirent dans la ville capitale de son royaume. Pendant le chemin, au lieu de reconnaître qu'il s'était attiré ce châtiment par sa faute, il maudissait la fée, il mordait ses chaînes, et s'abandonnait à la rage. Lorsqu'il approcha de la ville où on le conduisait, il vit de grandes réjouissances, et les chasseurs ayant demandé ce qui était arrivé de nouveau, on leur dit que le prince Chéri, qui ne se plaisait qu'à tourmenter son peuple, avait été écrasé dans sa chambre par un coup de tonnerre, car on le croyait ainsi. Les dieux, ajouta-t-on, n'ont pu supporter l'excès de ses méchancetés, ils en ont délivré la terre. Quatre seigneurs, complices de ses crimes, croyaient en profiter, et partager son empire entr'eux; mais le peuple qui savait que c'était leurs mauvais conseils qui avaient gâté le roi, les a mis en pièces, et a été offrir la couronne à Suliman que le méchant Chéri voulait faire mourir. Ce digne seigneur vient d'être couronné, et nous célébrons ce jour comme celui de la délivrance du royaume, car il est vertueux, et va ramener parmi nous la paix et l'abondance. Chéri soupirait de rage en écoutant ce discours ; mais ce fut bien pis quand il arriva sur la grande place où était son palais. Il vit Suliman sur un trône superbe, et tout le peuple qui lui souhaitait une longue vie, pour réparer les maux qu'avait fait son prédécesseur. Suliman fit signe de la main pour demander silence, et il dit au peuple. « J'ai accepté la couronne que vous m'avez offerte ; mais c'est pour la conserver au prince Chéri : il n'est point mort comme vous le croyez, une fée me l'a révélé ; et peut-être qu'un jour vous le reverrez vertueux, comme il était dans ses premières années. Hélas ! continua-t-il, en versant des larmes, les flatteurs l'avaient séduit. Je connaissais son cœur ; il était fait pour la vertu, et, sans les discours empoisonnés de ceux qui l'approchaient, il eut été votre père à tous. Détestez ses vices ; mais plaignez-le, et prions tous ensemble les dieux qu'ils nous le rendent : pour moi, je m'estimerais trop heureux d'arroser ce trône de mon sang, si je pouvais l'y voir remonter avec des dispositions propres à le lui faire remplir dignement ».

Les paroles de Suliman allèrent jusqu'au cœur de Chéri. Il connut alors combien l'attachement et la fidélité de cet homme avaient été sincères, et se reprocha ses crimes pour la première fois. A peine eut-il écouté ce bon mouvement, qu'il sentit calmer la rage dont il était animé : il réfléchit sur tous les crimes de sa vie, et trouva qu'il n'était pas puni aussi rigoureusement qu'il l'avait mé⸺. Il cessa donc de se débattre dans la c⸺ de fer où il était enchaîné, et devint d⸺ comme un mouton. On le conduisit d⸺ une grande maison (1) où l'on gar⸺ tous les monstres et les bêtes féroces⸺ on l'attacha avec les autres.

Chéri alors prit la résolution de commencer à réparer ses fautes, en se montrant bien obéissant à l'homme qui le

---

(1) Ménagerie.

gardait. Cet homme était un brutal, et, quoique le monstre fût fort doux, quand il était de mauvaise humeur, il le battait sans crime ni raison. Un jour que cet homme s'était endormi, un tigre qui avait rompu la chaîne, se jeta sur lui pour le dévorer. D'abord Chéri sentit un mouvement de joie de voir qu'il allait être délivré de son persécuteur; mais aussitôt il condamna ce mouvement, et souhaita d'être libre. Je rendrais, dit-il, le bien pour le mal, en sauvant la vie de ce malheureux. A peine eut-il formé ce souhait, qu'il vit sa cage de fer ouverte : il s'élança côtés de cet homme qui s'était ré-
ié, et qui se défendait contre le tigre.
e gardien se crut perdu, lorsqu'il vit le monstre ; mais sa crainte fut bientôt changée en joie : ce monstre bienfaisant se jeta sur le tigre; l'étrangla, et se coucha ensuite aux pieds de celui qu'il venait de sauver. Cet homme, pénétré de reconnaissance, voulut se baisser pour caresser le monstre qui lui avait rendu

un si grand service ; mais il entendit une voix qui disait : *Une bonne action ne demeure point sans récompense*, et en même tems il ne vit plus qu'un joli chien à ses pieds. Chéri, charmé de sa métamorphose, fit mille caresses à son gardien, qui le prit entre ses bras, et le porta au roi auquel il raconta cette merveille. La reine voulut avoir le chien, et Chéri eût été heureux dans sa nouvelle condition, s'il eût pu oublier qu'il était homme et roi. La reine l'accablait de caresses : mais, dans la peur qu'elle avait qu'il ne devînt plus grand qu'il n'était, elle consulta ses médecins qui lui dirent qu'il ne fallait le nourrir que de pain, et ne lui en donner qu'une certaine quantité. Le pauvre Chéri mourait de faim la moitié de la journée ; mais il fallait prendre patience.

Un jour qu'on venait de lui donner son petit pain pour déjeûner, il lui prit fantaisie d'aller le manger dans le jardin du palais ; il le prit dans sa gueule, et marcha vers un canal qu'il connaissait, et qui était un peu éloigné ; mais il ne trouva plus ce canal, et vit à la place une grande maison dont les dehors brillaient d'or et de pierreries. Il y voyait entrer une grande quantité d'hommes et de femmes magnifiquement habillés ; on chantait, on dansait dans cette maison ; on y faisait bonne-chère ; mais tous ceux qui en sortaient étaient pâles, maigres, couverts de plaies, et presque tous nus, car leurs habits étaient déchirés par lambeaux. Quelques-uns tombaient morts en sortant, sans avoir la force de se traîner plus loin ; d'autres s'éloignaient avec beaucoup de peine ; d'autres restaient couchés contre terre, mourant de faim ; ils demandaient un morceau de pain à ceux qui entraient dans cette maison ; mais ils ne les regardaient pas seulement. Chéri s'approcha d'une jeune fille qui tâchait d'arracher des herbes pour les manger : touché de compassion, le prince dit en lui-même : j'ai bon appétit ; mais je ne mourrai pas de faim jusqu'au tems de mon dîner ; si je sacrifiais mon déjeûner à cette pauvre créature, peut-être lui sauverais-je la vie. Il résolut de suivre ce bon mouvement, et mit son pain dans la main de cette fille qui le porta à sa bouche avec avidité. Elle parut bientôt entièrement remise, et Chéri, ravi de joie de l'avoir secourue si à-propos, pensait à retourner au palais, lorsqu'il entendit de grands cris ; c'était Zélie entre les mains de quatre hommes qui l'entraînaient vers cette belle maison où ils la forcèrent d'entrer. Chéri regretta alors sa figure de monstre, qui lui aurait donné les moyens de secourir Zélie ; mais, faible chien, il ne put qu'aboyer contre ses ravisseurs, et s'efforça de les suivre. On le chassa à coups de pieds, et il résolut de ne point quitter ce lieu pour savoir ce que deviendrait Zélie. Il se reprochait les malheurs de cette belle fille. Hélas ! disait-il en lui-même, je suis irrité contre ceux qui l'enlèvent ; n'ai-je pas commis le même crime ?

Et si la justice des dieux n'avait prévenu mon attentat, ne l'aurais-je pas traitée avec autant d'indignité ?

Les réflexions de *Zizi* furent interrompues par un bruit qui se faisait au-dessus de sa tête. Il vit qu'on ouvrait une fenêtre, et sa joie fut extrême, lorsqu'il apperçut Zélie qui jetait par cette fenêtre un plat plein de viandes si bien apprêtées qu'elles donnaient appétit à voir. On referma la fenêtre aussitôt, et Chéri qui n'avait pas mangé de toute la journée, crut qu'il devait profiter de l'occasion. Il allait donc manger de ces viandes, lorsque la jeune fille à laquelle il avait donné son pain, jeta un cri, et, l'ayant pris dans ses bras : « pauvre petit animal, lui dit-elle, ne touche point à ces viandes ; cette maison est le palais de la Volupté ; tout ce qui en sort est empoisonné ». En même tems Chéri entendit une voix qui disait : « tu vois qu'une bonne action ne demeure point sans récompense » ; et aussitôt il fut changé en un beau petit pigeon blanc.

Il se souvint que cette couleur était celle de Candide, et commença à espérer qu'elle pourrait enfin lui rendre ses bonnes grâces. Il voulut d'abord s'approcher de Zélie, et, s'étant élevé en l'air, il vola tout autour de la maison, et vit avec joie qu'il y avait une fenêtre ouverte ; mais il eut beau parcourir toute la maison, il n'y trouva point Zélie, et, désespéré de sa perte, il résolut de ne point s'arrêter qu'il ne l'eût rencontrée. Il vola pendant plusieurs jours, et, étant entré dans un désert, il vit une caverne de laquelle il s'approcha ; quelle fut sa joie ! Zélie y était assise à côté d'un vénérable hermite, et prenait avec lui un frugal repas. Chéri, transporté, vola sur l'épaule de cette charmante bergère, et exprimait par ses caresses le plaisir qu'il avait de la voir. Zélie, charmée de la douceur de ce petit animal, le flattait doucement avec la main ; et, quoiqu'elle crût qu'il ne pouvait l'entendre, elle lui dit qu'elle acceptait le don qu'il lui faisait de lui-même, et qu'elle l'aimerait toujours. Qu'avez-vous fait, Zélie, lui dit l'hermite? Vous venez d'engager votre foi. Oui, charmante bergère, lui dit Chéri qui reprit à ce moment sa forme naturelle, la fin de ma métamorphose était attachée au consentement que vous donneriez à notre union. Vous m'avez promis de m'aimer toujours; confirmez mon bonheur, ou je vais conjurer la fée Candide, ma protectrice, de me rendre la figure sous laquelle j'ai eu le bonheur de vous plaire. Vous n'avez point à craindre son inconstance, lui dit Candide qui, quittant la forme de l'hermite sous laquelle elle s'était cachée, parut à leurs yeux telle qu'elle était en effet. Zélie vous aima aussitôt qu'elle vous vit; mais vos vices la contraignirent à vous cacher le penchant que vous lui aviez inspiré. Le changement de votre cœur lui donne la liberté de se livrer à toute sa tendresse. Vous allez vivre heureux, puisque votre union sera fondée sur la vertu.

Chéri et Zélie s'étaient jetés aux pieds de Candide. Le prince ne pouvait se lasser de la remercier de ses bontés, et Zélie, enchantée d'apprendre que le prince détestait ses égaremens, lui confirmait l'aveu de sa tendresse. Levez-vous, mes enfans, leur dit la fée, je vais vous transporter dans votre palais, pour rendre à Chéri une couronne de laquelle ses vices l'avaient rendu indigne. A peine eut-elle cessé de parler qu'ils se trouvèrent dans la chambre de Suliman qui, charmé de revoir son cher maître, devenu vertueux, lui abandonna le trône, et resta le plus fidèle de ses sujets. Chéri régna long-tems avec Zélie, et on dit qu'il s'appliqua tellement à ses devoirs, que la bague qu'il avait reprise ne le piqua pas une seule fois jusqu'au sang.

BLANCHE ET VERMEILLE.

CONTE.

Il y avait une veuve, assez bonne femme, qui avait deux filles, toutes deux fort aimables ; l'aînée se nommait *Blanche*, la seconde *Vermeille*. On leur avait donné ces noms, parce qu'elles avaient, l'une le plus beau teint du monde, et la seconde des joues et des lèvres vermeilles comme du corail. Un jour, la bonne femme, étant près de sa porte, à filer, vit une pauvre vieille qui avait bien de la peine à se traîner avec son bâton. Vous êtes bien fatiguée, dit la bonne femme à la vieille. Asseyez-vous un moment pour vous reposer ; et aussitôt elle dit à ses filles de donner une chaise à cette femme. Elles se levèrent toutes les deux ; mais Vermeille courut plus fort que sa sœur, et apporta la chaise. Voulez-vous boire un coup, dit la bonne femme à la vieille ? De tout mon cœur, répondit-elle ; il me semble même que je mangerais bien un morceau, si vous pouviez me donner quelque chose pour me ragoûter. Je vous donnerai tout ce qui est en mon pouvoir, dit la bonne femme; mais, comme je suis pauvre, ce ne sera pas grand'chose. En même tems, elle dit à ses filles de servir la bonne vieille qui se mit à table ; et la bonne femme commanda à l'aînée d'aller cueillir quelques prunes, sur un prunier qu'elle avait planté elle-même, et qu'elle aimait beaucoup. Blanche, au lieu d'obéir de bonne grâce à sa mère, murmura contre cet ordre, et dit en elle-même : Ce n'est pas pour cette vieille gourmande que j'ai eu tant de soin de mon prunier. Elle n'osa pourtant pas refuser quelques prunes; mais elle les donna de mauvaise grâce et à contre-cœur. Et vous, Vermeille, lui dit la bonne femme, à la seconde de ses filles, vous n'avez pas de fruit à donner à cette bonne dame, car vos raisins ne sont pas mûrs. Il est vrai, dit Vermeille ; mais j'entends ma poule qui chante ; elle vient de pondre un œuf; et, si madame veut l'avaler tout chaud, je le lui offre de tout mon cœur. En même tems, sans attendre la réponse de la vieille, elle courut chercher son œuf; mais, dans le moment qu'elle le présentait à cette femme, elle disparut; et l'on vit à sa place une belle dame qui dit à la mère : Je vais récompenser vos deux filles, selon leur mérite. L'aînée deviendra une grande reine, et la seconde le fermière ; et, en même tems, ayant frappé la maison de son bâton, elle disparut, et l'on vit dans la place une jolie ferme. Voilà votre partage, dit-elle à Vermeille. Je sais que je vous donne à chacune ce que vous aimez le mieux. La fée s'éloigna en disant ces paroles ; et la mère, aussi bien que les deux filles, restèrent fort étonnées. Elles entrèrent dans la ferme, et furent charmées de la propreté des meubles. Les chaises n'étaient que de bois; mais elles étaient si propres, qu'on s'y voyait comme dans un miroir. Les lits étaient de toile blanche comme la neige. Il y avait dans les étables vingt moutons, autant de brebis, quatre bœufs, quatre vaches, et, dans la cour, toutes sortes d'animaux, comme des poules, des canards, des pigeons et autres. Il y avait aussi un joli jardin rempli de fleurs et de fruits. Blanche voyait sans jalousie le don qu'on avait fait à sa sœur, et elle n'était occupée que du plaisir qu'elle aurait à être reine. Tout d'un coup, elle entendit passer des chasseurs, et, étant allée sur la porte pour les voir, elle parut si belle aux yeux du roi, qu'il résolut de l'épouser. Blanche, étant devenue reine, dit à sa sœur Vermeille : Je ne veux pas que vous soyez fermière; venez avec moi, ma sœur, je vous ferai épouser un grand seigneur. Je vous suis bien obligée, ma sœur, dit Vermeille ; je suis accoutumée à la campagne, et je veux y rester. La reine Blanche partit donc, et elle était si contente qu'elle passa plusieurs nuits sans dormir de joie. Les premiers mois, elle fut si occupée de ses beaux habits, des bals, des comédies, qu'elle ne pensait à autre chose. Mais bientôt elle s'accoutuma à tout cela, et rien ne la divertissait plus; au contraire, elle eut de grands chagrins. Toutes les dames de la cour lui rendaient de grands respects, quand elles étaient devant elle; mais elle savait qu'elles ne l'aimaient pas, et qu'elles disaient : Voyez cette petite paysanne, comme elle fait la grande dame. Le roi a le cœur bien bas d'avoir pris une telle femme. Ce discours fit faire des réflexions au roi. Il pensa qu'il avait eu tort d'épouser Blanche; et, comme son amour pour elle était passé, il eut un grand nombre de maîtresses. Quand on vit que le roi n'aimait plus sa femme, on commença à ne plus lui rendre aucun devoir. Elle était très-malheureuse; car elle n'avait pas une seule bonne amie à qui elle pût conter ses chagrins. Elle voyait que c'était la mode, à la cour, de trahir ses amis par intérêt; de faire bonne mine à ceux que l'on haïssait, et de mentir à tout moment. Il fallait être sérieuse, parce qu'on lui disait qu'une reine doit avoir un air grave et majestueux. Elle eut plusieurs enfans; et, pendant tout ce tems, elle avait un médecin auprès d'elle, qui examinait tout ce qu'elle mangeait, et lui ôtait toutes les choses qu'elle aimait. On ne mettait point de sel dans ses bouillons: on lui défendait de se promener quand elle en avait envie; en un mot, elle était contredite depuis le matin jusqu'au soir. On donna des gouvernantes à ses enfans, qui les élevaient tout de travers, sans qu'elle eût la liberté d'y trouver à redire. La pauvre Blanche se mourait de chagrin; et elle devint si maigre, qu'elle faisait pitié à tout le monde. Elle n'avait pas vu sa sœur, depuis trois ans qu'elle était reine, parce qu'elle pensait qu'une personne de son rang serait déshonorée d'aller rendre visite à une fermière; mais, se voyant accablée de mélancolie, elle résolut d'aller passer quelques jours à la campagne, pour se désennuyer. Elle en demanda la permission au roi, qui la lui accorda de bon cœur, parce qu'il pensait qu'il serait débarrassé d'elle pendant quelque tems. Elle arriva sur le soir à la ferme de Vermeille; et elle vit de loin, devant la porte, une troupe de bergers et de bergères qui dansaient et se divertissaient de tout leur cœur. Hélas! dit la reine en soupirant, où est le tems que je me divertissais comme ces pauvres gens; personne n'y trouvait à redire. D'abord qu'elle parut, sa sœur accourut pour l'embrasser. Elle avait un air si content; elle était si fort engraissée, que la reine ne put s'empêcher de pleurer en la regardant. Vermeille avait épousé un jeune paysan, qui n'avait pas de fortune; mais il se souvenait toujours que sa femme lui avait donné tout ce qu'il avait, et il cherchait, par ses manières complaisantes, à lui en marquer sa reconnaissance. Vermeille n'avait pas beaucoup de domestiques; mais ils l'aimaient comme s'ils eussent été ses enfans, parce qu'elle les traitait bien. Tous ses voisins l'aimaient aussi, et chacun s'empressait à lui en donner des preuves. Elle n'avait pas beaucoup d'argent; mais elle n'en avait pas besoin; car elle recueillait dans ses terres, du blé, du vin et de l'huile. Ses troupeaux lui fournissaient du lait, dont elle en faisait du beurre et du fromage. Elle filait la laine de ses moutons pour se faire des habits, aussi bien qu'à son mari, et à deux enfans qu'elle avait. Ils se portaient à merveille; et le soir, quand le tems du travail était passé, ils se divertissaient à toutes sortes de jeux. Hélas! s'écria la reine, la fée m'a fait un mauvais présent, en me donnant une couronne. On ne trouve point la joie dans les palais magnifiques, mais dans les occupations innocentes de la campagne. A peine eut-elle dit ces paroles, que la fée parut. Je n'ai pas prétendu vous récompenser

récompenser, en vous faisant reine, lui dit la fée, mais vous punir, parce que vous m'aviez donné vos prunes à contre cœur. Pour être heureux, il faut, comme votre sœur, ne posséder que les choses nécessaires, et n'en point souhaiter davantage. Ah! madame, s'écria Blanche, vous vous êtes assez vengée; finissez mon malheur. Il est fini, reprit la Fée. Le roi, qui ne vous aime plus, vient d'épouser une autre femme; et demain, ses officiers viendront vous ordonner, de sa part, de ne point retourner à son palais. Cela arriva comme la fée l'avait prédit. Blanche passa le reste de ses jours avec sa sœur Vermeille, avec toutes sortes de contentemens et de plaisirs; et elle ne pensa jamais à la cour, que pour remercier la fée de l'avoir ramenée dans son village.

DESIR ET MIGNONE.

CONTE.

Il y avait une fois un roi qui aimait passionnément une princesse ; mais elle ne pouvait pas se marier, parce qu'elle était enchantée. Il fut consulter une fée, pour savoir comment il devait faire pour être aimé de cette princesse. La fée lui dit : Vous savez que la princesse a un gros chat qu'elle aime beaucoup ; elle doit épouser celui qui sera assez adroit pour marcher sur la queue de son chat. Le prince dit en lui-même : Cela ne sera pas fort difficile. Il quitta donc la fée, déterminé à écraser la queue du chat, plutôt que de manquer à marcher dessus. Il courut au palais de sa maîtresse. Minon vint au-devant de lui, faisant le gros dos, comme il avait coutume : le roi leva le pied; mais, lorsqu'il croyait l'avoir mis sur sa queue, Minon se retourna si vîte, qu'il ne prit rien sous son pied. Il fut pendant huit jours à chercher à marcher sur cette fatale queue; mais il semblait qu'elle fût pleine de vif-argent; car elle remuait toujours. Enfin le roi eut le bonheur de surprendre Minon pendant qu'il était endormi, et lui appuya le pied sur la queue de toute sa force. Minon se réveilla en miaullant horriblement. Puis, tout-à-coup, il prit la figure d'un grand homme, et, regardant le prince avec des yeux pleins de colère, il lui dit : Tu épouseras la princesse, puisque tu as détruit l'enchantement qui t'en empêchait; mais je m'en vengerai. Tu auras un fils qui sera toujours malheureux, jusqu'au moment où il connaîtra qu'il aura le nez trop long; et, si tu parles de la menace que je te fais, tu mourras sur-le-champ. Quoique le roi fût fort effrayé de voir ce grand homme, qui était un enchanteur, il ne put s'empêcher de rire de cette menace. Si mon fils a le nez trop long, dit-il en lui-même, à moins qu'il ne soit aveugle ou manchot, il pourra toujours le voir ou le sentir. L'enchanteur, ayant disparu, le roi fut trouver la princesse qui consentit à l'épouser; mais il ne vécut pas long-tems avec elle, et mourut au bout de huit mois. Un mois après, la reine mit au monde un petit prince qu'on nomma *Désir*. Il avait de grands yeux bleus, les plus beaux du monde, une jolie petite bouche; mais son nez était si grand qu'il lui couvrait la moitié du visage. La reine fut inconsolable quand elle vit ce grand nez; mais les dames qui étaient à côté d'elle lui dirent que ce nez n'était pas aussi grand qu'il le lui paraissait; que c'était un nez à la romaine, et qu'on voyait, par les histoires, que tous les héros avaient eu un grand nez. La reine, qui aimait son fils à la folie, fut charmée de ce discours; et, à force de regarder Désir, son nez ne lui parut plus si grand. Le prince fut élevé avec soin, et, sitôt qu'il sut parler, on faisait devant lui toutes sortes de mauvais contes sur les personnes qui avaient le nez court. On ne souffrait auprès de lui que ceux dont le nez ressemblait un peu au sien; et les courtisans, pour faire leur cour à la reine et à son fils, tiraient, plusieurs fois par jour, le nez de leurs petits enfans pour le faire alonger; mais ils avaient beau faire, ils paraissaient camards auprès du prince Désir. Quand il fut raisonnable, on lui apprit l'histoire; et, quand on lui parlait de quelque grand prince, ou de quelque belle princesse, on disait toujours qu'ils avaient le nez long. Toute sa chambre était pleine de tableaux où il y avait de grands nez; et Désir s'accoutuma si bien à regarder la longueur du nez comme une perfection, qu'il n'eût pas voulu, pour une couronne, faire ôter une ligne du sien.

Lorsqu'il eut vingt ans, et qu'on pensa à le marier, on lui présenta le portrait de plusieurs princesses. Il fut enchanté de celui de *Mignone* : c'était la fille d'un grand roi, et elle devait avoir plusieurs royaumes; mais Désir n'y pensait seulement pas, tant il était occupé de sa beauté. Cette princesse, qu'il trouvait charmante, avait pourtant un petit nez retroussé qui faisait le plus joli effet du monde sur son visage, mais qui jeta les courtisans dans le plus grand embarras. Ils avaient pris l'habitude de se moquer des petits nez, et il leur échappait quelquefois de rire de celui de la princesse : mais Désir n'entendait pas raillerie sur cet article, et il chassa de sa cour deux courtisans qui avaient osé parler mal du nez de Mignone. Les autres, devenus sages par cet exemple, se corrigèrent; et il y en eut un qui dit au prince, qu'à la vérité un homme ne pouvait pas être aimable sans avoir un grand nez; mais que la beauté des femmes était différente, et qu'un savant, qui parlait grec, lui avait dit qu'il avait lu, dans un vieux manuscrit grec, que la belle Cléopâtre avait le bout du nez retroussé.

4

Le prince fit un présent magnifique à celui qui lui dit cette bonne nouvelle ; et il fit partir des ambassadeurs pour aller demander Mignone en mariage. On la lui accorda ; et il fut au-devant d'elle plus de trois lieues, tant il avait envie de la voir ; mais, lorsqu'il s'avançait pour lui baiser la main, on vit descendre l'enchanteur qui enleva la princesse à ses yeux, et le rendit inconsolable. Désir résolut de ne point rentrer dans son royaume, qu'il n'eût retrouvé Mignone. Il ne voulut permettre à aucun de ses courtisans de le suivre ; et, étant monté sur un bon cheval, il lui mit la bride sur le cou, et lui laissa prendre le chemin qu'il voulut. Le cheval entra dans une grande plaine, où il marcha toute la journée sans trouver une seule maison. Le maître et l'animal mouraient de faim ; enfin, sur le soir, il vit une caverne où il y avait de la lumière. Il y entra, et vit une petite vieille qui paraissait avoir plus de cent ans. Elle mit ses lunettes pour regarder le prince ; mais elle fut long-tems sans pouvoir les faire tenir, parce que son nez était trop court. Le prince et la fée (car c'en était une) firent chacun un éclat de rire en se regardant, et s'écrièrent tous deux en même tems : Ah! quel drôle de nez. Pas si drôle que le vôtre, dit Désir à la fée; mais, madame, laissons nos nez pour ce qu'ils sont, et soyez assez bonne pour me donner quelque chose à manger; car je meurs de faim, aussi bien que mon pauvre cheval. De tout mon cœur, lui dit la fée. Quoique votre nez soit ridicule, vous n'en êtes pas moins le fils du meilleur de mes amis. J'aimais le roi votre père, comme mon frère; il avait le nez fort bien fait, ce prince. Et que manque-t-il au mien? dit Désir. Oh! il n'y manque rien, reprit la fée; au contraire, il n'y a que trop d'étoffe; mais, n'importe, on peut être fort honnête homme, et avoir le nez trop long. Je vous disais donc que j'étais l'amie de votre père; il me venait voir souvent dans ce tems-là; et, à propos de ce tems-là, savez-vous bien que j'étais fort jolie alors ? Il me disait... Il faut que je vous conte une conversation que nous eûmes ensemble, la dernière fois qu'il me vit. Hé, madame, dit Désir, je vous écouterai avec bien du plaisir, quand j'aurai soupé : pensez, s'il vous plaît, que je n'ai pas mangé d'aujourd'hui. Le pauvre garçon, dit la fée; il a raison, je n'y pensais pas. Je vais donc vous donner à souper; et, pendant que vous mangerez, je vous dirai mon histoire en quatre paroles, car je n'aime pas les longs discours. Une langue trop longue est encore plus insupportable qu'un grand nez; et je me souviens, quand j'étais jeune, qu'on m'admirait, parce que je n'étais pas une grande parleuse; on le disait à la reine ma mère; car telle que vous me voyez, je suis la fille d'un grand roi. Mon père..... Votre père mangeait quand il avait faim, lui dit le prince en l'interrompant. Oui, sans doute, lui dit la fée, et vous souperez aussi tout-à-l'heure: je voulais vous dire seulement que mon père... Et moi je ne veux rien écouter que je n'aie à manger, dit le prince qui commençait à se mettre en colère. Il se radoucit pourtant ; car il avait besoin de la fée, et lui dit : Je sais que le plaisir que j'aurais en vous écoutant pourrait me faire oublier ma faim; mais mon cheval, qui ne vous entendra pas, a besoin de prendre quelque nourriture. La fée se rengorgea à ce compliment. Vous n'attendrez pas davantage, lui dit-elle en appelant ses domestiques; vous êtes bien poli; et, malgré la grandeur énorme de votre nez, vous êtes fort aimable. Peste soit de la vieille avec mon nez, dit le prince en lui-même; on dirait que ma mère lui a volé l'étoffe qui manque au sien : si je n'avais pas besoin de manger, je laisserais là cette babillarde qui croit être petite parleuse. Il faut être bien sot, pour ne pas connaître ses défauts : voilà ce que c'est d'être née princesse ; les flatteurs l'ont gâtée, et lui ont persuadé qu'elle parlait peu. Pendant que le prince pensait cela, les servantes mettaient la table, et le prince admirait la fée qui leur faisait mille questions, seulement pour avoir le plaisir de parler : il admirait sur-tout une femme-de-chambre qui, à propos de tout ce qu'elle voyait, louait sa maîtresse sur sa discrétion. Parbleu ! pensait-il en mangeant, je suis charmé d'être venu ici. Cet exemple me fait voir combien j'ai fait sagement de ne pas écouter les flatteurs. Ces gens-là nous louent effrontément, nous cachent nos défauts, et les changent en perfection ; pour moi, je ne serai jamais leur dupe; je connais mes défauts, Dieu merci. Le pauvre Désir le croyait bonnement, et ne sentait pas que ceux qui avaient loué son nez se moquaient de lui, comme la femme-de-chambre de la fée se moquait d'elle ; car le prince vit qu'elle se retournait de tems en tems pour rire. Pour lui, il ne disait mot, et mangeait de toutes ses forces. Mon prince, lui dit la fée, quand il commençait à être rassasié; tournez-vous un peu, je vous prie ; votre nez fait un ombre qui m'empêche de voir ce qui est sur mon assiette. Ah ça, parlons de votre père ; j'allais à sa cour dans le tems qu'il n'était qu'un petit garçon ; mais il y a quarante ans que je suis retirée dans cette solitude. Dites-moi un peu comment l'on vit à la cour à présent ; les dames aiment-elles toujours à courir ? De mon tems on les voyait le même jour à l'assemblée, aux spectacles, aux promenades, au bal... Que votre nez est long ! je ne puis m'accoutumer à le voir. En vérité, madame, lui répondit Désir, cessez de parler de mon nez ; il est comme il est : que vous importe ? j'en suis content. Je ne voudrais pas qu'il fût plus court ; chacun l'a comme il peut. Oh ! je vois bien que cela vous fâche, mon pauvre Désir, dit la fée ; ce n'est pourtant pas mon intention : au contraire, je suis de vos amies, et je veux vous rendre service ! Mais, malgré cela, je ne puis m'empêcher d'être choquée de votre nez ; je ferai pourtant ensorte de ne vous en plus parler ; je m'efforcerai même de penser que vous êtes camard, quoiqu'à dire la vérité il y ait assez d'étoffe dans ce nez pour en faire trois raisonnables. Désir qui avait soupé, s'impatienta tellement des discours sans fin que la fée faisait sur son nez, qu'il se jeta sur son cheval, et sortit. Il continua son voyage, et, par-tout où il passait, il croyait que tout le monde était fou, parce que tout le monde parlait de son nez; mais, malgré cela, on l'avait si bien accoutumé à s'entendre dire que son nez était beau, qu'il ne pût jamais convenir avec lui-même qu'il fût trop long. La vieille fée, qui voulait lui rendre service, s'avisa, malgré lui, d'enfermer Mignone dans un palais de cristal, et mit ce palais sur le chemin du prince. Désir, transporté de joie, s'efforça de le casser; mais il n'en put venir à bout : désespéré, il voulut s'approcher pour parler, du moins, à la princesse qui, de son côté, approchait aussi sa main de la glace. Il voulait baiser cette main; mais, de quelque côté qu'il se tournât, il ne pouvait y porter la bouche, parce que son nez l'en empêchait. Il s'aperçut, pour la première fois, de son extraordinaire longueur; et, le prenant avec sa main pour le ranger de côté : Il faut avouer, dit-il, que mon nez est trop long. Dans le moment, le palais de cristal tomba par morceaux ; et la vieille, qui tenait Mignone par la main, dit au prince : Avouez que vous m'avez beaucoup d'obligation ; j'avais beau vous parler de votre nez; vous n'en auriez jamais reconnu le défaut, s'il ne fût devenu un obstacle à ce que vous souhaitiez. C'est ainsi que l'amour-propre nous cache les difformités de notre ame et de notre corps. La raison a beau chercher à nous les dévoiler ; nous n'en convenons qu'au moment où ce même amour-propre les trouve contraires à ses intérêts. Désir, dont le nez était devenu un nez ordinaire, profita de cette leçon, il épousa Mignone, et vécut heureux avec elle un fort grand nombre d'années.

SPIRITUEL ET ASTRE.

CONTE.

Il y avait une fois une fée qui voulait épouser un roi ; mais, comme elle avait une fort mauvaise réputation, le roi aima mieux s'exposer à toute sa colère, que de devenir le mari d'une femme que personne n'estimerait ; car il n'y a rien de si fâcheux pour un honnête homme, que de voir sa femme méprisée. Une bonne fée, qu'on nommait *Diamantine*, fit épouser à ce prince une jeune princesse qu'elle avait élevée, et promit de le défendre contre la fée *Furie* ; mais, peu de tems après, Furie ayant été nommée reine des fées, son pouvoir, qui surpassait de beaucoup celui de Diamantine, lui donna le moyen de se venger. Elle se trouva aux couches de la reine, et doua un petit prince qu'elle mit au monde, d'une laideur que rien ne pût surpasser. Diamantine qui s'était cachée à la ruelle du lit de la reine, essaya de la consoler, lorsque Furie fut partie. Ayez bon courage, lui dit-elle, malgré la malice de votre ennemie, votre fils sera fort heureux un jour. Vous le nommerez *Spirituel*, et non-seulement il aura tout l'esprit possible, mais il pourra encore en donner à la personne qu'il aimera le mieux. Cependant le petit prince était si laid, qu'on ne pouvait le regarder sans frayeur : soit qu'il pleurât, soit qu'il voulût rire, il faisait de si laides grimaces, que les petits enfans qu'on lui amenait pour jouer avec lui en avaient peur, et disaient que c'était la bête. Quand il fut devenu raisonnable, tout le monde souhaitait de l'entendre parler ; mais on fermait les yeux, et le peuple, qui ne sait la plupart du tems ce qu'il veut, prit pour Spirituel une haine si forte, que la reine ayant eu un second fils, on obligea le roi de le nommer son héritier ; car, dans ce pays-là, le peuple avait droit de se choisir un maître. Spirituel céda, sans murmurer, la couronne à son frère, et, rebuté de la sottise des hommes qui n'estiment que la beauté du corps, sans se soucier de celle de l'ame, il se retira dans une solitude, où, en s'appliquant à l'étude de la sagesse, il devint extrêmement heureux. Ce n'était pas là le compte de la fée Furie ; elle voulait qu'il fût misérable, et voici ce qu'elle fit pour lui faire perdre son bonheur.

Furie avait un fils nommé *Charmant* ; elle l'adorait, quoiqu'il fût la plus grande bête du monde. Comme elle voulait le rendre heureux, à quelque prix que ce fût, elle enleva une princesse qui était parfaitement belle ; mais, afin qu'elle ne fût pas rebutée de la bêtise de Charmant, elle souhaita qu'elle fût aussi sotte que lui. Cette princesse, qu'on appelait *Astre*, vivait avec Charmant, et, quoiqu'ils eussent seize ans passés, on n'avait jamais pu leur apprendre à lire. Furie fit peindre la princesse, et porta elle-même son portrait dans une petite maison, où Spirituel vivait avec un seul domestique. La malice de Furie lui réussit, et, quoique Spirituel sût que la princesse Astre était dans le palais de son ennemie, il en devint si amoureux qu'il résolut d'y aller ; mais en même tems, se souvenant de sa laideur, il vit bien qu'il était le plus malheureux de tous les hommes, puisqu'il était sûr de paraître horrible aux yeux de cette belle fille. Il résista long-tems au desir qu'il avait de la voir ; mais, enfin, sa passion l'emporta sur sa raison. Il partit avec son valet, et Furie fut enchantée de lui voir prendre cette résolution, pour avoir le plaisir de le tourmenter tout à son aise. Astre se promenait dans un jardin avec Diamantine, sa gouvernante, lorsqu'elle vit approcher le prince, elle fit un grand cri, et voulait s'enfuir ; mais Diamantine l'en ayant empêchée, elle cacha sa tête dans ses deux mains, et dit à la fée : Ma bonne, faites sortir ce vilain homme, il me fait mourir de peur. Le prince voulut profiter du moment où elle avait les yeux fermés pour lui faire un compliment bien arrangé ; mais c'était comme s'il lui eût parlé latin, elle était trop bête pour le comprendre. En même tems, Spirituel entendit Furie qui riait de toute sa force, en se moquant de lui. Vous en avez assez fait pour la première fois, dit-elle au prince ; vous pouvez vous retirer dans un appartement que je vous ai fait préparer, et d'où vous aurez le plaisir de voir la princesse tout à votre aise. Vous croyez peut-être que Spirituel s'amusa à dire des injures à cette méchante femme ; mais il avait trop d'esprit pour cela ; il savait qu'elle ne cherchait qu'à le fâcher ; et il ne lui donna point le plaisir de se mettre en colère. Il était pourtant bien affligé ; mais ce fut bien pis, lorsqu'il entendit une conversation d'Astre avec Charmant ; car elle dit tant de bêtise qu'elle ne lui parut plus si belle de moitié, et qu'il prit la résolution de l'oublier, et de retourner dans sa solitude. Il voulut auparavant prendre congé de Diamantine. Quelle fut sa surprise ! lorsque cette fée lui dit : qu'il ne devait point quitter le palais, et qu'elle savait un moyen de le faire aimer de la princesse. Je vous suis bien obligé, madame, lui répondit Spirituel; mais je ne suis pas pressé de me marier. J'avoue qu'Astre est charmante, mais c'est quand elle ne parle pas. La fée Furie m'a guéri, en me faisant entendre une de ses conversations : j'emporterai son portrait qui est admirable, parce qu'il garde toujours le silence. Vous avez beau faire le dédaigneux, lui dit Diamantine, votre bonheur dépend d'épouser la princesse. Je vous assure, madame, que je ne le ferai jamais, à moins que je ne devienne sourd; encore faudrait-il que je perdisse la mémoire, autrement je ne pourrais m'ôter de l'esprit cette conversation. J'aimerais mieux cent fois épouser une femme plus laide que moi, si cela était possible, qu'une stupide, avec laquelle je ne pourrais avoir une conversation raisonnable, et qui me ferait trembler, quand je serais en compagnie avec elle, par la crainte de lui entendre dire une impertinence toutes les fois qu'elle ouvrirait la bouche. Votre frayeur me divertit, lui dit Diamantine ; mais, prince, apprenez un secret qui n'est connu que de votre mère et de moi. Je vous ai doué du pouvoir de donner de l'esprit à la personne que vous aimeriez le mieux ; ainsi vous n'avez qu'à souhaiter. Astre peut devenir la personne la plus spirituelle, elle sera parfaite alors ; car elle est la meilleure enfant du monde, et a le cœur fort bon. Ah ! madame, dit Spirituel, vous allez me rendre bien misérable ; Astre va devenir trop aimable pour mon repos, et je le serai trop peu pour lui plaire ; mais n'importe, je sacrifie mon bonheur au sien, et je lui souhaite tout l'esprit qui dépend de moi. Cela est bien généreux, dit Diamantine ; mais j'espère que cette belle action ne demeurera pas sans récompense. Trouvez-vous dans les jardins du palais à minuit ; c'est l'heure où Furie est obligée de dormir, et, pendant trois heures, elle perd toute sa puissance. Le prince s'étant retiré, Diamantine fut dans la chambre d'Astre ; elle la trouva assise, la tête appuyée dans ses mains, comme une personne qui rêve profondément. Diamantine l'ayant appelée, Astre lui dit : Ah ! madame, si vous pouviez voir ce qui vient de se passer en moi, vous seriez bien surprise. Depuis un moment, je suis comme dans un nouveau monde ; je réfléchis, je pense ; mes pensées s'arrangent dans une forme qui me donne un plaisir infini, et je suis bien honteuse en me rappelant ma répugnance pour les livres et pour les sciences. Eh bien ! lui dit Diamantine, vous pourrez vous en corriger : vous épouserez dans deux jours le prince Charmant, et vous étudierez ensuite tout à votre aise. Ah ! ma bonne, répondit Astre, en soupirant,

serait-il

serait-il bien possible que je fusse condamnée à épouser Charmant? Il est si bête, si bête, que cela me fait trembler; mais, dites-moi, je vous prie, pourquoi est-ce que je n'ai pas connu plutôt la bêtise de ce prince? C'est que vous étiez vous-même une sotte, dit la fée; mais voici justement le prince Charmant. Effectivement, il entra dans sa chambre avec un nid de moineaux dans son chapeau. Tenez, dit-il, je viens de laisser mon maître dans une grande colère, parce qu'au lieu de lire ma leçon, j'ai été dénicher ce nid. Mais votre maître a raison d'être en colère, lui dit Astre; n'est-il pas honteux qu'un garçon de votre âge ne sache pas lire? Oh! vous m'ennuyez aussi bien que lui, répondit Charmant; j'ai bien affaire de toute cette science : moi, j'aime mieux un cerf-volant, ou une boule, que tous les livres du monde. Adieu, je vais jouer au volant. Et je serais la femme de ce stupide, dit Astre, lorsqu'il fut sorti? Je vous assure, ma bonne, que j'aimerais mieux mourir que de l'épouser. Quelle différence de lui à ce prince que j'ai vu tantôt ? Il est vrai qu'il est bien laid. Mais quand je me rappelle son discours, il me semble qu'il n'est plus si horrible. Pourquoi n'a-t-il pas le visage comme Charmant ? Mais, après tout, que sert la beauté du visage ? une maladie peut l'ôter ; la vieillesse la fait perdre à coup sûr, et que reste-t-il alors à ceux qui n'ont pas d'esprit ? En vérité, ma bonne, s'il fallait choisir, j'aimerais mieux ce prince, malgré sa laideur, que ce stupide qu'on veut me faire épouser. Je suis bien aise de vous voir penser d'une manière si raisonnable, dit Diamantine ; mais j'ai un conseil à vous donner. Cachez soigneusement à Furie tout votre esprit ; tout est perdu si vous lui laissez connaître le changement qui s'est fait en vous. Astre obéit à sa gouvernante, et, sitôt que minuit fut sonné, la bonne fée proposa à la princesse de descendre dans les jardins : elles s'assirent sur un banc, et Spirituel ne tarda pas à les joindre. Quel fut sa joie ! lorsqu'il entendit parler Astre, et qu'il fut convaincu qu'il lui avait donné autant d'esprit qu'il en avait lui-même. Astre, de son côté, était enchantée de la conversation du prince ; mais, lorsque Diamantine lui eut appris l'obligation qu'elle avait à Spirituel, sa reconnaissance lui fit oublier sa laideur, quoiqu'elle le vît parfaitement ; car il faisait clair de lune. Que je vous ai d'obligation, lui dit-elle, et comment pourrais-je m'acquitter envers vous ? Vous le pouvez facilement, répondit la fée, en devenant l'épouse de Spirituel ; il ne tient qu'à vous de lui donner autant de beauté qu'il vous a donné d'esprit. J'en serais bien fâchée, répondit Astre, Spirituel me plaît tel qu'il est ; je ne m'embarrasse guère qu'il soit beau ; il est aimable, cela me suffit. Vous venez de finir tous ses malheurs, dit Diamantine ; si vous eussiez succombé à la tentation de le rendre beau, vous restiez sous le pouvoir de Furie ; mais à présent, vous n'avez rien à craindre de sa rage. Je vais vous transporter dans le royaume de Spirituel : son frère est mort, et la haine que Furie avait inspirée contre lui au peuple, ne subsiste plus. Effectivement, on vit revenir Spirituel avec joie, et il n'eut pas demeuré trois mois dans son royaume, qu'on s'accoutuma à son visage ; mais on ne cessa jamais d'admirer son esprit.

LE PRINCE FATAL

ET

LE PRINCE FORTUNÉ.

CONTE.

Il y avait une fois une reine qui eut deux petits garçons, beaux comme le jour. Une fée, qui était bonne amie de la reine, avait été priée d'être la marraine de ces princes, et de leur faire quelques dons : je doue l'aîné, dit-elle, de toutes sortes de malheurs, jusqu'à l'âge de vingt-cinq ans, et je le nomme *Fatal*. A ces paroles, la reine jeta de grands cris, et conjura la fée de changer ce don. Vous ne savez ce que vous demandez, dit-elle, à la reine ; s'il n'est pas malheureux, il sera méchant. La reine n'osa plus rien dire ; mais elle pria la fée de lui laisser choisir un don pour son second fils. Peut-être choisirez-vous tout de travers, répondit la fée ; mais n'importe, je veux bien lui accorder ce que vous me demanderez pour lui. Je souhaite, dit la reine, qu'il réussisse toujours dans tout ce qu'il voudra faire ; c'est le moyen de le rendre parfait. Vous pourriez vous tromper, dit la fée ; ainsi, je ne lui accorde ce don que jusqu'à vingt-cinq ans.

On donna des nourrices aux deux petits princes ; mais, dès le troisième jour, la nourrice du prince aîné eut la fièvre ; on lui en donna une autre qui se cassa la jambe en tombant ; une troisième perdit son lait, aussitôt que le prince Fatal commença à la teter ; et, le bruit s'étant répandu que le prince portait malheur à ses nourrices, personne ne voulut plus le nourrir, ni s'approcher de lui. Ce pauvre enfant qui avait faim, criait, et ne faisait pourtant pitié à personne. Une grosse paysanne, qui avait un grand nombre d'enfans qu'elle avait beaucoup de peine à nourrir, dit qu'elle aurait soin de lui, si on voulait lui donner une grosse somme d'argent ; et, comme le roi et la reine n'aimaient pas le prince Fatal, ils donnèrent à la nourrice ce qu'elle demandait, et lui dirent de le porter à son village. Le second prince, qu'on avait nommé *Fortuné*, venait, au contraire, à merveille. Son papa et sa maman l'aimaient à la folie, et ne pensaient pas seulement à l'aîné. La méchante femme à qui on l'avait donné, ne fut pas plutôt chez elle, qu'elle lui ôta les beaux langes dont il était enveloppé, pour les donner à un de ses fils qui était de l'âge de Fatal ; et, ayant enveloppé le pauvre prince dans une mauvaise jupe, elle le porta dans un bois, où il y avait bien des bêtes sauvages, et le mit dans un trou, avec trois petits lions, pour qu'il fût mangé. Mais la mère de ces lions ne lui fit pas de mal, et, au contraire, elle lui donna à teter, ce qui le rendit si fort, qu'il courait tout seul au bout de six mois. Cependant, le fils de la nourrice, qu'elle faisait passer pour le prince, mourut, et le roi et la reine furent charmés d'en être débarrassés. Fatal resta dans le bois jusqu'à deux ans, et un seigneur de la cour qui allait à la chasse, fut tout étonné de le trouver au milieu des bêtes. Il en eut pitié, l'emporta dans sa maison; et, ayant appris qu'on cherchait un enfant pour tenir compagnie à Fortuné, il présenta Fatal à la reine. On donna un maître à Fortuné, pour lui apprendre à lire; mais on recommanda au maître de ne le point faire pleurer. Le jeune prince qui avait entendu cela, pleurait toutes les fois qu'il prenait son livre; en sorte qu'à cinq ans, il ne connaissait pas les lettres; au lieu que Fatal lisait parfaitement, et savait déjà écrire. Pour faire peur au prince, on commanda au maître de fouetter Fatal toutes les fois que Fortuné manquerait à son devoir; ainsi, Fatal avait beau s'appliquer et être sage, cela ne l'empêchait pas d'être battu; d'ailleurs, Fortuné était si volontaire et si méchant, qu'il maltraitait toujours son frère qu'il ne connaissait pas. Si on lui donnait une pomme, un jouet, Fortuné le lui arrachait des mains; il le faisait taire, quand il voulait parler; il l'obligeait à parler, quand il voulait se taire : en un mot, c'était un petit martyr, dont personne n'avait pitié. Ils vécurent ainsi jusqu'à dix ans, et la reine était fort surprise de l'ignorance de son fils. La fée m'a trompée, disait-elle; je croyais que mon fils serait le plus savant de tous les princes, puisque j'ai souhaité qu'il réussit dans tout ce qu'il voudrait entreprendre. Elle fut consulter la fée sur cela, qui lui dit : « Madame, il fallait souhaiter à votre fils de la bonne volonté, plutôt que des talens ; il ne veut qu'être bien méchant, et il y réussit, comme vous le voyez. Après avoir dit ces paroles à la reine, elle lui tourna le dos : cette pauvre princesse, fort affligée, retourna à son palais. Elle voulut gronder Fortuné pour l'obliger à mieux faire ; mais, au lieu de lui promettre de se corriger, il dit que, si on le chagrinait, il se laisserait mourir de faim. Alors la reine, toute effrayée, le prit sur ses genoux, le baisa, lui donna des bonbons, et lui dit qu'il n'étudierait pas de huit jours, s'il voulait bien manger comme à son ordinaire. Cependant le prince Fatal était un prodige de science et de douceur ; il s'était tellement accoutumé à être contredit qu'il n'avait point de volonté, et ne s'attachait qu'à prévenir les caprices de Fortuné. Mais ce méchant enfant qui enrageait de le voir plus habile que lui, ne pouvait le souffrir ; et les gouverneurs, pour plaire à leur jeune maître, battaient à tous momens Fatal. Enfin, ce méchant enfant dit à la reine qu'il ne voulait plus voir Fatal, et qu'il ne mangerait pas qu'on ne l'eût chassé du palais. Voilà donc Fatal dans la rue, et, comme on avait peur de déplaire au prince, personne ne voulut le recevoir. Il passa la nuit sous un arbre, mourant de froid, car c'était en hiver, et n'ayant pour son souper qu'un morceau de pain qu'on lui avait donné par charité. Le lendemain matin, il dit en lui-même : Je ne veux pas rester ici à rien faire, je travaillerai pour gagner ma vie jusqu'à ce que je sois assez grand pour aller à la guerre. Je me souviens d'avoir lu dans les histoires que de simples soldats sont devenus de grands capitaines : peut-être aurai-je le même bonheur, si je suis honnête homme. Je n'ai ni père, ni mère ; mais Dieu est le père des orphelins ; il m'a donné une lionne pour nourrice, il ne m'abandonnera pas. Après avoir dit cela, Fatal se leva, fit sa prière, car il ne manquait jamais à prier Dieu soir et matin ; et, quand il priait, il avait les yeux baissés, les mains jointes, et il ne tournait pas la tête de côté et d'autre. Un paysan qui passa et qui vit Fatal qui priait Dieu de tout son cœur, dit en lui-même : je suis sûr que cet enfant sera un honnête garçon ; j'ai envie de le prendre pour garder mes moutons. Dieu me bénira à cause de lui. Le paysan attendit que Fatal eût fini sa prière, et lui dit : « mon petit ami, voulez-vous venir garder mes moutons ? Je vous nourrirai, et j'aurai soin de vous. — Je le veux bien, répondit Fatal, et je ferai tout mon possible pour vous bien servir ».

Ce paysan était un gros fermier qui avait beaucoup de valets qui le volaient fort souvent ; sa femme et ses enfans le volaient aussi. Quand ils virent Fatal, ils furent bien contens : c'est un enfant, disaient-ils, il fera tout ce que nous voudrons. Un jour la femme lui dit : « mon ami, mon mari est un avare qui ne me donne jamais d'argent ; laisse-moi prendre un mouton, et tu diras que le loup l'a emporté. — Madame, lui répondit Fatal, je voudrais de tout mon cœur vous rendre un service ; mais j'aimerais mieux mourir que de faire un mensonge et d'être un voleur. — Tu n'es qu'un sot, lui dit cette femme, personne ne saura que tu as fait cela. — Dieu le saura, madame, répondit Fatal; il voit tout ce que nous faisons, et punit les menteurs et ceux qui volent. Quand la fermière entendit ces paroles, elle se jeta sur lui, lui donna des soufflets, et lui arracha les cheveux. Fatal pleurait, et le fermier, l'ayant entendu, demanda à sa femme pourquoi elle battait cet enfant? Vraiment, dit-elle, c'est un gourmand; je l'ai vu ce matin manger un pot de crême que je voulais porter au marché. Fi! que cela est vilain d'être gourmand, dit le paysan; et, tout de suite, il appela un valet, et lui commanda de fouetter Fatal. Ce pauvre enfant avait beau dire qu'il n'avait pas mangé la crême; on croyait sa maîtresse plus que lui. Après cela, il sortit dans la campagne avec ses moutons, et la fermière lui dit: hé bien, voulez-vous à cette heure me donner un mouton? J'en serais bien fâché, dit Fatal; vous pouvez faire tout ce que vous voudrez contre moi ; mais vous ne m'obligerez pas à mentir. Cette méchante créature, pour se venger, engagea tous les autres domestiques à faire du mal à Fatal. Il restait à la campagne le jour et la nuit ; et, au lieu de lui donner à manger, comme aux autres valets, elle ne lui envoyait que du pain et de l'eau ; et, quand il revenait, elle l'accusait de tout le mal qui se faisait dans la maison. Il passa un an avec ce fermier, et, quoiqu'il couchât sur la terre, et qu'il fût si mal nourri, il devint si fort, qu'on croyait qu'il avait quinze ans, quoiqu'il n'en eût que treize : d'ailleurs, il était devenu si patient, qu'il ne se chagrinait plus, quand on le grondait mal à propos.

Un jour qu'il était à la ferme, il entendit dire qu'un roi voisin avait une grande guerre. Il demanda congé à son maître, et fut à pied dans le royaume de ce prince, pour être soldat. Il s'engagea à un capitaine qui était un grand seigneur ; mais il ressemblait à un porteur de chaise, tant il était brutal; il jurait, il battait ses soldats; il leur volait la moitié de l'argent que le roi donnait pour les nourrir et les habiller; et, sous ce méchant capitaine, Fatal fut encore plus malheureux que chez le fermier. Il s'était engagé pour dix ans, et, quoiqu'il vît déserter le plus grand nombre de ses camarades, il ne voulut jamais suivre leur exemple; car il disait : j'ai reçu de l'argent pour servir dix ans; je volerais le roi, si je manquais à ma parole. Quoique le capitaine fût un méchant homme, et qu'il maltraitât Fatal tout comme les autres, il ne pouvait s'empêcher de l'estimer, parce qu'il voyait qu'il faisait toujours son devoir. Il lui donnait de l'argent pour faire ses commissions, et Fatal avait la clé de sa chambre, quand il allait à la campagne, ou qu'il dînait chez ses amis. Ce capitaine n'aimait pas la lecture; mais il avait une grande bibliothèque, pour faire croire à ceux qui venaient chez lui, qu'il était un homme d'esprit; car, dans ce pays-là, on pensait qu'un officier qui ne lisait pas l'histoire, ne serait jamais qu'un sot et qu'un ignorant. Quand Fatal avait fait son devoir de soldat, au lieu d'aller boire et jouer avec ses camarades, il s'enfermait dans la chambre du capitaine, et tâchait d'apprendre son métier, en lisant la vie des grands hommes, et il devint capable de commander une armée.

Il y avait déjà sept ans qu'il était soldat, lorsqu'il fut à la guerre. Son capitaine prit six soldats avec lui, pour aller visiter un petit bois ; et, quand il fut dans ce petit bois, les soldats disaient tout bas : il faut tuer ce méchant homme qui nous donne des coups de canne, et qui nous vole notre pain. Fatal leur dit qu'il ne fallait pas faire une si mauvaise action; mais, au lieu de l'écouter, ils lui dirent qu'ils le tueraient avec le capitaine, et mirent tous les cinq l'épée à la main. Fatal se mit à côté de son capitaine, et se battit avec tant de valeur qu'il tua lui-seul quatre de ces soldats. Son capitaine, voyant qu'il lui devait la vie, lui demanda pardon de tout le mal qu'il lui avait fait; et, ayant conté au roi ce qui lui était arrivé, Fatal fut fait capitaine, et le roi lui fit une grosse pension. Oh! dame, ses soldats n'auraient pas voulu tuer Fatal, car il les aimait comme ses enfans; et, loin de leur voler ce qui leur appartenait, il leur donnait de son propre argent, quand ils faisaient leur devoir. Il avait soin d'eux, quand ils étaient blessés, et ne les reprenait jamais par mauvaise humeur.

Cependant on donna une grande bataille, et celui qui commandait l'armée, ayant été tué, tous les officiers et soldats s'enfuirent; mais Fatal cria tout haut qu'il aimait mieux mourir les armes à la main, que de fuir comme un lâche. Ses soldats lui crièrent qu'ils ne voulaient pas l'abandonner, et le bon exemple ayant fait honte aux autres, ils se rangèrent autour de Fatal, et combattirent si bien, qu'ils firent le fils du roi ennemi prisonnier. Le roi fut bien content, quand il sut qu'il avait gagné la bataille, et dit à Fatal qu'il le faisait général de toutes ses armées. Il le présenta ensuite à la reine et à la princesse, sa fille, qui lui donnèrent leurs mains à baiser. Quand Fatal vit la princesse, il resta immobile. Elle était si belle, qu'il en devint amoureux comme un fou, et ce fut alors qu'il fut bien malheureux, car il pensait qu'un homme comme lui n'était pas fait pour épouser une grande princesse. Il résolut donc de cacher soigneusement son amour, et tous les jours il souffrait les plus grands tourmens ; mais ce fut bien pis, quand il apprit que Fortuné, ayant vu un portrait de la princesse qui se nommait *Gracieuse* en était devenu amoureux, et qu'il envoyait des ambassadeurs pour la demander en mariage. Fatal pensa mourir de chagrin ; mais la princesse Gracieuse qui savait que Fortuné était un prince lâche et méchant, pria si fort le roi son père, de ne la point forcer à l'épouser, qu'on répondit à l'ambassadeur, que la princesse ne voulait point encore se marier.

Fortuné qui n'avait jamais été contredit, entra en fureur, quand on lui eût rapporté la réponse de la princesse ; et son père qui ne pouvait lui rien refuser, déclara la guerre au père de Gracieuse qui ne s'en embarrassa pas beaucoup, car il disait : tant que j'aurai Fatal à la tête de mon armée, je ne crains pas d'être battu. Il envoya donc chercher son général, et lui dit de se préparer à faire la guerre ; mais Fatal, se jetant à ses pieds, lui dit qu'il était né dans le royaume du père de Fortuné, et qu'il ne pouvait pas combattre contre son roi. Le père de Gracieuse se mit fort en colère, et dit à Fatal qu'il le ferait mourir, s'il refusait de lui obéir ; et qu'au contraire, il lui donnerait sa fille en mariage, s'il remportait la victoire sur Fortuné. Le pauvre Fatal qui aimait Gracieuse à la folie, fut bien tenté ; mais, à la fin, il se résolut à faire son devoir : sans rien dire au roi, il quitta la cour, et abandonna toutes ses richesses. Cependant Fortuné se mit à la tête de son armée, pour aller faire la guerre ; mais, au bout de quatre jours, il tomba malade de fatigue, car il était fort délicat, n'ayant jamais voulu faire aucun exercice. Le chaud, le froid, tout le rendait malade. Cependant l'ambassadeur qui voulait faire sa cour à Fortuné, lui dit qu'il avait vu à la cour du père de Gracieuse, ce petit garçon qu'il avait chassé de son palais, et qu'on disait que le père de Gracieuse lui avait promis sa fille. Fortuné, à cette nouvelle, se mit dans une grande colère, et, aussitôt qu'il fut guéri, il partit pour détrôner le père de Gracieuse, et promit une grosse somme d'argent à celui qui lui amènerait Fatal. Fortuné remporta de grandes victoires, quoiqu'il ne combattît pas lui-même, car il avait peur d'être tué. Enfin, il assiégea la ville capitale de son ennemi, et résolut de faire donner l'assaut. La veille de ce jour, on lui amena

Fatal, lié avec de grosses chaînes ; car un grand nombre de personnes s'étaient mises en chemin pour le chercher. Fortuné, charmé de pouvoir se venger, résolut, avant de donner l'assaut, de faire couper la tête à Fatal, à la vue des ennemis. Ce jour-là même, il donna un grand festin à ses officiers, parce qu'il célébrait son jour de naissance, ayant justement vingt-cinq ans. Les soldats qui étaient dans la ville, ayant appris que Fatal était pris, et qu'on devait dans une heure lui couper la tête, résolurent de périr, ou de le sauver, car ils se souvenaient du bien qu'il leur avait fait, pendant qu'il était leur général. Ils demandèrent donc permission au roi de sortir pour combattre, et, cette fois, ils furent victorieux. Le don de Fortuné avait cessé ; et, comme il voulait s'enfuir, il fut tué. Les soldats victorieux coururent ôter les chaînes à Fatal, et, dans le même moment, on vit paraître en l'air deux chariots brillans de lumière. La fée était dans un de ces chariots, et le père et la mère de Fatal étaient dans l'autre ; mais endormis. Ils ne s'éveillèrent qu'au moment où leurs chariots touchaient la terre, et furent bien étonnés de se trouver au milieu d'une armée. La fée alors s'adressant à la reine, et lui présentant Fatal, lui dit : « Madame, reconnaissez, dans ce héros, votre fils aîné ; les malheurs qu'il a éprouvés, ont corrigé les défauts de son caractère qui était violent et emporté. Fortuné au contraire qui était né avec de bonnes inclinations, a été absolument gâté par la flatterie, et Dieu n'a pas permis qu'il vécût plus long-tems, parce qu'il serait devenu plus méchant chaque jour. Il vient d'être tué ; mais, pour vous consoler de sa mort, apprenez qu'il était sur le point de détrôner son père, parce qu'il s'ennuyait de n'être pas roi. Le roi et la reine furent bien étonnés, et ils embrassèrent de bon cœur Fatal dont ils avaient entendu parler avantageusement. La princesse Gracieuse et son père apprirent avec joie l'aventure de Fatal qui épousa Gracieuse avec laquelle il vécut fort long-tems, parfaitement heureux et fort vertueux.

ÉLISE ET MIRA,

OU

L'ISLE DES ESCLAVES.

CONTE.

Il y avait dans la ville d'Athènes une jeune demoiselle, nommée *Élise*, qui était orgueilleuse et méchante. Elle avait un grand nombre d'esclaves qu'elle rendait les plus malheureuses personnes du monde; elle les battait, leur disait des injures; et, quand des personnes de bon sens lui disaient qu'elle avait tort d'agir ainsi, elle répondait : Ces créatures sont faites pour souffrir mes humeurs; c'est pour cela que je les ai achetées, que je les nourris, que je les habille; elles sont encore trop heureuses de trouver du pain auprès de moi. Cette méchante fille avait sur-tout une femme-de-chambre, qu'on nommait *Mira*, qui était son souffre-douleur ; cependant c'était la meilleure créature du monde; et, malgré les mauvaises façons de sa maîtresse, elle lui était fort attachée ; elle excusait ses défauts tant qu'elle pouvait, et elle eût donné tout son sang pour la rendre plus raisonnable. Elise eut un voyage à faire par mer; et, comme c'était pour une affaire pressée, et qu'elle ne devait pas y être long-tems, elle ne prit avec elle que sa femme-de-chambre. A peine fut-elle en pleine mer, qu'il s'éleva une grande tempête qui éloigna le vaisseau de sa route. Après qu'il eut couru la mer pendant plusieurs jours, ceux qui conduisaient le vaisseau aperçurent une île ; comme ils ne savaient où ils étaient, et qu'ils n'avaient plus de vivres, il fallut y aborder. En entrant dans le port, une chaloupe vint au-devant d'eux, et ceux qui étaient dans cette chaloupe demandèrent à tous ceux du vaisseau, quels étaient leurs noms et leurs qualités. L'orgueilleuse Elise fit écrire les titres de sa famille, et il y en avait plus d'une page. Elle croyait que cela obligerait ces gens-là à la respecter. Elle fut donc fort surprise, lorsqu'ils lui tournèrent le dos sans lui faire politesse; mais elle le fut bien davantage quand son esclave eut déclaré son nom et sa qualité; car ces gens lui rendirent toutes sortes de respects, et lui dirent qu'elle pouvait commander dans le vaisseau où elle était la maîtresse. Ce discours impatienta Elise, qui dit à son esclave : Je vous trouve bien impertinente d'écouter les discours de ces gens-là. Tout beau, madame, lui dit le maître de la chaloupe : vous n'êtes plus à Athènes. Apprenez que trois cents esclaves, au désespoir des mauvais traitemens de leurs maîtres, se sauvèrent dans cette île, il y a trois cents ans; ils y ont fondé une république, où tous les hommes sont égaux; mais ils ont établi une loi à laquelle il faut vous soumettre de gré ou de force. Pour faire sentir aux maîtres combien ils ont eu tort d'abuser du pouvoir qu'ils avaient sur leurs domestiques, ils les ont condamnés à être esclaves à leur tour. Ceux qui obéissent de bonne grâce peuvent espérer qu'on leur rendra la liberté ; mais ceux qui refusent de se soumettre à nos lois, sont esclaves pour la vie. On vous donne toute cette journée pour vous plaindre, et vous accoutumer à votre mauvais sort; mais si, demain, vous faites le plus petit murmure, vous êtes esclave à jamais. Elise profita de la permission, et vomit mille injures contre cette île et ses habitans ; mais Mira, profitant d'un moment où personne ne la voyait, se jeta aux pieds de sa maîtresse, et lui dit : Consolez-vous, madame, je n'abuserai pas de votre malheur, et je vous respecterai toujours comme ma maîtresse. La pauvre fille le pensait comme elle le disait; mais elle ne connaissait pas les lois du pays. Le lendemain, on la fit venir devant les magistrats, avec sa maîtresse qui était devenue son esclave. Mira, lui dit le premier magistrat, il faut vous instruire de nos coutumes ; mais souvenez-vous bien que, si vous y manquiez, il en coûterait la vie à votre esclave Elise. Rappelez-vous bien fidèlement la conduite qu'elle a eue avec vous dans Athènes : il faut, pendant huit jours, que vous la traitiez comme elle vous a traitée. Il faut le jurer tout-à-l'heure. Au bout de huit jours vous serez la maîtresse de la traiter comme il vous plaira. Et vous, Elise, souvenez-vous que la moindre désobéissance vous rendrait esclave pour le reste de vos jours. A ces paroles, Mira et Élise se mirent à pleurer. Mira même se jeta aux pieds du magistrat, et le conjura de la dispenser de faire ce serment ; car, ajouta-t-elle, je mourrai de douleur, s'il faut que je le garde. Levez-vous, madame, dit le magistrat à Mira ; cette créature vous traitait donc d'une manière bien terrible, puisque vous frémissez de l'imiter. Je voudrais que la loi me permît de vous accorder ce que vous me demandez; mais cela n'est pas possible. Tout ce que je puis faire en votre faveur, c'est d'abréger l'épreuve, et de la réduire à quatre jours : mais ne me répliquez pas ; car, si vous dites un mot, vous ferez les 8 jours entiers. Mira fit donc ce serment; et on annonça à Elise que son service commencerait le lendemain. On envoya chez Mira deux femmes qui devaient écrire toutes ses paroles et ses actions pendant ces quatre jours. Elise, voyant que c'était une nécessité, prit son parti en fille d'esprit; car, malgré sa hauteur, elle en avait beaucoup. Elle résolut donc d'être si exacte à servir Mira, qu'elle n'aurait point occasion de la maltraiter ; elle ne se souvenait pas que cette fille devait copier ses caprices et ses mauvaises humeurs. Le matin du jour suivant, Mira sonna, et Elise manqua se casser le cou pour courir à son lit ; mais cela ne lui servit de rien. Mira lui dit, d'un ton aigre : A quoi s'occupait cette salope ? Elle ne vient jamais qu'un quart-d'heure après que j'ai sonné. Je vous assure, madame, que j'ai tout quitté quand je vous ai entendue. Taisez-vous, lui dit Mira, vous êtes une impertinente raisonneuse qui ne sait que répondre mal à propos : donnez-moi ma robe, que je me lève. Elise, en soupirant, fut chercher la robe que Mira avait mise la veille, et la lui apporta : mais Mira, la lui jetant dans le visage, lui dit : Que cette fille est bête ; il faut lui dire tout : ne devez-vous pas savoir que je veux mettre aujourd'hui ma robe bleue ? Elise soupira encore ; mais il n'y avait pas le petit mot à dire. Elle se souvenait fort bien qu'il eût fallu, dans Athènes, que la pauvre Mira eût deviné ses caprices pour s'empêcher d'être grondée. Quand sa maîtresse fut habillée, et qu'elle lui eût servi son déjeûner, elle descendit pour déjeûner à son tour ; mais à peine fut-elle assise, que la cloche sonna ; cela arriva plus de dix fois dans une heure, et c'était pour des bagatelles que Mira la faisait monter. Tantôt elle avait oublié son mouchoir dans une chambre; une autre fois c'était pour ouvrir la porte à son chien, et toujours pour des choses de pareille conséquence. Il fallait pourtant descendre et monter deux grands escaliers, en sorte que la pauvre Elise ne pouvait plus se soutenir, tant elle était lasse, et disait en elle-même : Hélas! la pauvre Mira a bien eu à souffrir avec moi ; car il lui fallait recommencer ce train de vie tous les jours. A deux heures, madame annonça qu'elle voulait aller au spectacle, et qu'il fallait la coîffer. Elle dit à Elise qu'elle voulait que ses cheveux fussent accommodés en grosses boucles ; mais ensuite elle trouva que cela lui rendait la tête trop grosse ; elle fit donc défaire cette frisure pour en faire une autre ; et, jusqu'à six heures qu'elle sortit, Elise fut contrainte de rester debout, encore eut-elle à essuyer mille brusqueries ; elle était une bête, une mal-adroite, qui ne gagnait pas l'argent qu'elle dépensait. Mira revint du spectacle à deux heures de nuit, parce qu'elle avait soupé en ville, et elle revint de fort mauvaise humeur, à cause qu'elle avait perdu son argent au jeu; elle s'en vengea, en cherchant querelle à sa femme-de-chambre ; et comme celle-ci, en la décoiffant, lui tira les cheveux par accident, elle lui donna un soufflet. La patience manqua échapper à Elise; mais elle se souvint qu'elle en avait donné plus de dix à Mira, et ce souvenir l'engagea à se taire. Je veux sortir demain à dix heures, et mettre ma coiffure de dentelle, dit Mira à Elise. Elle n'est pas blanche, dit la femme-de-chambre ; et vous savez qu'il me faut cinq heures pour la blanchir. Madame, dirent les deux femmes de l'île à Mira, pensez donc que cette pauvre fille a besoin de dormir. Elle sera bien malade quand elle passera une nuit, répondit Mira ; elle est faite pour cela. Hélas ! dit Elise en elle-même, je lui ai fait passer la nuit pour mes fantaisies, plus de vingt fois. Mira, pendant les quatre jours, répéta si bien toutes les sottises de sa maîtresse, qu'Elise conçut toute la dureté de sa conduite, et vit bien qu'elle avait agi en barbare avec cette fille. Elle était si fatiguée, lorsque les quatre jours furent finis, qu'elle tomba malade. Mira la fit coucher dans son lit, lui apporta elle-même ses bouillons, et la servit avec la même exactitude, que quand elle était dans Athènes; mais Elise ne recevait pas ses services avec la même hauteur; elle était si confuse du bon cœur de son esclave, qu'elle eût consenti à être la sienne toute sa vie, pour réparer toutes les fautes qu'elle avait faites à son égard. J'ai oublié de vous dire qu'on avait pris sur le vaisseau où était Elise, quelques dames et gentilshommes d'Athènes; mais comme ce n'étaient pas des personnes de son rang, elle les connaissait peu, et ne s'en était guère occupée. Au bout d'un mois, on les rassembla toutes; et les juges, qui étaient nommés pour cela, examinèrent leur conduite, et commencèrent par interroger les maîtresses devenues esclaves, pour savoir comment elles se trouvaient de leur nouvelle condition. Elles avouèrent toutes, en soupirant, qu'il était bien dur pour elles d'être soumises à ceux auxquels elles devaient commander. Et pourquoi, leur demandèrent les juges, vous croyez-vous en droit de commander à vos esclaves? La nature a-t-elle mis entre vous et eux une distinction réelle? vous n'oseriez le dire. L'esclave, le domestique et le maître, sortent du même père; et les dieux, en les plaçant dans des conditions si différentes, n'ont pas prétendu que les uns fussent plus à leurs yeux que les autres. La vertu règle les rangs devant la divine sagesse. C'est le seul titre dont elle fasse cas; et c'est pour faciliter l'exercice de toutes les vertus, qu'elle a permis les différentes conditions. L'esclave doit se distinguer par son attachement à son maître, sa fidélité, son amour pour le travail. Il faut que les maîtres, par leur douceur, leur charité, adoucissent ce que la condition d'esclave a de dur ; et il faut que les esclaves, par leur affection, leur obéissance et leur zèle, paient leurs maîtres des bontés qu'ils ont pour eux. Vous avez fait l'épreuve des deux conditions, dit le juge aux maîtres devenus esclaves : que cela vous serve de leçon, quand vous serez retournés dans Athènes ; et ne traitez jamais vos domestiques autrement que vous n'auriez souhaité d'être traités dans le tems que vous avez resté ici. Le juge ensuite, s'adressant aux esclaves devenus maîtres, leur dit : La loi vous permet de rendre la liberté à vos esclaves, mais elle ne vous y force pas. Vous pouvez les garder ici toute leur vie ; vous pouvez les renvoyer à Athènes ; vous pouvez, si vous le voulez, y retourner avec eux. Que tous ceux qui veulent rendre la liberté à leurs anciens maîtres, viennent écrire leurs noms sur ce livre. Le juge espérait de Mira qu'elle serait la première à rendre la liberté à sa maîtresse ; mais elle resta à sa place, aussi bien qu'une autre femme, et un jeune homme qui avait la plus belle physionomie du monde. On demanda à cette femme par quelle raison elle ne rendait pas la liberté à sa maîtresse, qui était une bonne vieille. C'est, répondit-elle, parce qu'ayant été son esclave vingt ans, il est juste que j'aie ma revanche pendant un pareil nombre d'années ; je suis lasse d'obéir, et je veux goûter plus long-tems le plaisir de commander à mon tour. Cette esclave se nommait *Bélise*. Dans ce moment ce jeune homme qui avait une si belle physionomie, et qui se nommait *Zénon*, s'avança, et dit au juge : Je ne me suis point avancé pour signer l'acte de la liberté de mon maître, parce qu'il a cessé d'être esclave au moment que j'ai eu la liberté de le traiter selon ma volonté. Je lui demande bien pardon d'avoir été obligé de le maltraiter pendant huit jours. La loi m'ordonnait de copier les mauvaises façons qu'il avait eues à mon égard ; mais je vous assure que j'ai souffert plus que lui.

Vous pouvez le faire partir pour Athènes; je m'offre à partir avec lui, à le servir même toute ma vie, s'il l'exige; car enfin, il m'a acheté, je lui appartiens, et je ne crois pas pouvoir, en honneur et en conscience, profiter d'un accident qui me rend la liberté, sans lui rendre l'argent avec lequel il m'a acheté. Ce garçon a répondu pour moi, dit Mira; son histoire est la mienne; hâtez-vous de nous renvoyer à Athènes; le cœur me dit que j'y serai plus heureuse; car je me trompe fort, ou ma chère maîtresse qui a connu mon affection, me traitera avec plus de douceur que par le passé. Elise interrompit son esclave, et dit au juge : Si je n'ai pas parlé plutôt, c'est que la honte et la confusion retenaient ma langue. Cette pauvre fille est digne d'être ma maîtresse toute sa vie, et je ne mérite pas d'être son esclave. Je m'étais crue jusqu'à présent d'une autre espèce que la sienne, et je ne me trompais pas tout-à-fait. J'avais au-dessus d'elle un nom, des richesses, de l'orgueil, de la dureté : elle avait au-dessus de moi un bon cœur, de la patience, de l'humanité, de la générosité. Que serais-je devenue aujourd'hui, si elle n'avait eu que mes titres ? Je reconnais donc avec plaisir sa supériorité sur moi. J'accepte pourtant la liberté qu'elle m'a rendue, et je la remercie de vouloir bien revenir avec moi dans Athènes. Car alors j'aurai l'occasion de lui marquer ma reconnaissance, en partageant ma fortune avec elle, et en la regardant comme une amie respectable, dont je suivrai les conseils, et dont je tâcherai d'imiter les exemples. Le maître de Zénon, qui n'avait encore rien dit, s'avança à son tour; il se nommait *Zénocrate*; et, s'adressant aux juges, il leur dit : Je partage la confusion d'Elise. Comme elle, j'ai maltraité un esclave qui m'était de beaucoup supérieur par la noblesse de ses sentimens ; comme elle, j'ai le regret le plus sincère de ma mauvaise conduite ; et, comme elle, je veux la réparer en faisant à Zénon le sort le plus heureux. Le juge alors, s'adressant à toute l'assemblée, prononça cet arrêt : « L'esclave qui n'a point eu pitié de la situation de sa vieille maîtresse, a les sentimens d'une esclave ; ainsi, nous la condamnons à rester dans l'esclavage le reste de ses jours ; c'est la condition qui convient à la bassesse de son cœur ; mais nous exhortons sa maîtresse à ne point abuser de l'autorité que nous lui rendons sur elle ; car, sans cela, elle deviendrait aussi méprisable que cette créature. Ceux qui ont choisi de renvoyer leurs maîtres à Athènes, et de demeurer dans notre île, y demeureront, mais sous des qualités différentes. Parmi ceux-là, il y en a deux qui ont maltraité leurs maîtres, après que les huit jours de l'épreuve ont été passés ; ces deux demeureront esclaves ici ; car, toute personne qui manque d'humanité et de douceur, est née sans sentimens, et doit, avec justice, demeurer dans la dernière des conditions ; elle est faite pour cela, elle ne mérite que cela. Les autres, qui ont bien traité leurs maîtres, et, comme ils eussent voulu qu'on les traitât eux-mêmes, nous les admettons parmi nos citoyens. Pour Mira et Zénon, leur vertu est au-dessus de nos éloges et de nos récompenses : quand même ils resteraient esclaves toute leur vie, leurs sentimens les élèvent au-dessus des rois : nous les abandonnons donc à la providence des dieux, sans oser décider de leur sort ; qu'ils retournent à Athènes avec Zénocrate et Elise, ils sont dignes d'être maîtres ; mais qu'ils le deviennent ou non, ils seront toujours les plus respectables de tous les humains, et honoreront la condition dans laquelle les dieux voudront les placer ».

Elise et Zénocrate, avant de partir, remercièrent beaucoup les habitans de l'île, et leur dirent qu'ils n'oublieraient jamais les leçons d'humanité qu'ils avaient reçues chez eux. Pendant le voyage qu'ils firent pour retourner à Athènes, Zénocrate et Zénon qui connurent plus particulièrement les bonnes qualités d'Elise et de Mira, en devinrent amoureux ; et, les ayant demandées en mariage, ils furent écoutés favorablement, et les épousèrent en arrivant à Athènes ; et, comme ces deux fidèles esclaves ne voulurent point se séparer de leurs maîtres, quoiqu'ils eussent reçus leur liberté, ils furent chargés de la conduite de toute leur maison, et s'en acquittèrent avec un zèle et une fidélité qui peuvent servir d'exemple à tous ceux que la Providence a placés dans la servitude. Il est vrai que leurs maîtres n'oublièrent jamais leurs vertus, et les traitèrent moins en personne que le sort leur avait soumises, qu'en amis qui méritaient leur confiance, leur affection, et même leurs respects.

CHARMANT ET ABSOLU.

CONTE.

Il y avait une fois un prince qui perdit son père, quand il n'avait que seize ans. D'abord il fut un peu triste, et puis, le plaisir d'être roi, le consola bientôt. Ce prince, qui se nommait *Charmant*, n'avait pas un mauvais cœur; mais il avait été élevé en prince, c'est-à-dire, à faire sa volonté; et cette mauvaise habitude l'aurait sans doute rendu méchant par la suite. Il commençait déjà à se fâcher, quand on lui faisait voir qu'il s'était trompé. Il négligeait ses affaires pour se divertir, et sur-tout il aimait si passionnément la chasse, qu'il y passait presque toutes les journées. On l'avait gâté, comme on fait tous les princes. Il avait pourtant un bon gouverneur, et il l'aimait beaucoup quand il était jeune ; mais, lorsqu'il fut devenu roi, il pensa que ce gouverneur était trop vertueux. Je n'oserai jamais suivre mes fantaisies devant lui, disait-il en lui-même : il dit qu'un prince doit donner tout son tems aux affaires de son royaume, et j'aime les plaisirs. Quand même il ne me dirait rien, il serait triste, et je connaîtrais à son visage qu'il serait mécontent de moi ; il il faut l'éloigner, car il me gênerait. Le lendemain, Charmant assembla son conseil, donna de grandes louanges à son gouverneur, et dit que, pour le récompenser du soin qu'il avait eu de lui, il lui donnerait le gouvernement d'une province qui était fort éloignée de la cour. Quand son gouverneur fut parti, il se livra aux plaisirs, et sur-tout à la chasse, qu'il aimait passionnément. Un jour que Charmant était dans une grande forêt, il vit passer une biche blanche comme la neige ; elle avait un collier d'or au cou, et, lorsqu'elle fut proche du prince, elle le regarda fixement, et ensuite s'éloigna. Je ne veux pas qu'on la tue, s'écria Charmant. Il recommanda donc à ses gens de rester là avec ses chiens, et il suivit la biche. Il semblait qu'elle l'attendait ; mais lorsqu'il était proche d'elle, elle s'éloignait en sautant et en gambadant. Il avait tant d'envie de la prendre, qu'en la suivant il fit beaucoup de chemin, sans y penser. La nuit vint et il perdit la biche de vue. Le voilà bien embarrassé ; car il ne savait où il était. Tout d'un coup, il entendit des instrumens ; mais ils paraissaient être bien loin. Il suivit ce bruit agréable, et arriva enfin à un grand château, où l'on faisait ce beau concert. Le portier lui demanda ce qu'il voulait, et le prince lui conta son aventure. Soyez le bien venu, lui dit cet homme ; on vous attend pour souper, car la biche blanche appartient à ma maîtresse ; et toutes les fois qu'elle la fait sortir, c'est pour lui amener compagnie. En même tems, le portier siffla, et plusieurs domestiques parurent avec des flambeaux, et conduisirent le prince dans un appartement bien éclairé. Les meubles de cet appartement n'étaient point magnifiques ; mais tout était propre, et si bien arrangé, que cela faisait plaisir à voir. Aussitôt, il vit paraître la maîtresse de la maison. Charmant fut ébloui de sa beauté, et, s'étant jeté à ses pieds, il ne pouvait parler, tant il était occupé à la regarder. Levez-vous, mon prince, lui dit-elle en lui donnant la main. Je suis charmée de l'admiration que je vous cause ; vous me paraissez si aimable, que je souhaite de tout mon cœur que vous soyez celui qui doit me tirer de ma solitude. Je m'appelle *Vraie Gloire*, et je suis immortelle. Je vis dans ce château, depuis le commencement du monde, en attendant un mari. Un grand nombre de rois sont venus me voir ; mais, quoiqu'ils m'eussent juré une fidélité éternelle, ils ont manqué à leur parole, et m'ont abandonnée pour la plus cruelle de mes ennemies. Ah ! belle princesse, dit Charmant, peut-on vous oublier, quand on vous a vue une fois ? Je jure de n'aimer jamais que vous ; et, dès ce moment, je vous choisis pour ma reine : et moi, je vous accepte pour mon roi, lui dit Vraie Gloire ; mais il ne m'est pas permis de vous épouser encore. Je vais vous faire voir un autre prince qui est dans mon palais, et qui prétend aussi m'épouser : si j'étais la maîtresse, je vous donnerais la préférence ; mais cela ne dépend pas de moi. Il faut que vous me quittiez pendant trois ans ; et celui des deux qui me sera le plus fidèle pendant ce tems, aura la préférence.

Charmant fut fort affligé de ces paroles ; mais il le fut bien davantage, quand il vit le prince dont Vraie Gloire lui avait parlé. Il était si beau, il avait tant d'esprit, qu'il craignit que Vraie Gloire ne l'aimât plus que lui. Il se nommait *Absolu*, et il possédait un grand royaume.

Ils soupèrent tous les deux avec Vraie Gloire, et furent bien tristes, quand il fallut la quitter le matin. Elle leur dit qu'elle les attendait dans trois ans, et ils sortirent ensemble du palais. A peine avaient-ils marché deux cents pas dans la forêt, qu'ils virent un palais bien plus magnifique que celui de Vraie Gloire : l'or, l'argent, les diamans les éblouissaient ; les jardins en étaient magnifiques, et la curiosité les engagea à y entrer. Ils furent bien surpris d'y trouver leur princesse ; mais elle avait changé d'habit ; sa robe était toute garnie de diamans, ses cheveux en étaient ornés ; au lieu que la veille, sa parure n'était qu'une robe blanche, garnie de fleurs. Je vous montrai hier ma maison de campagne, leur dit-elle, elle me plaisait autrefois ; mais, puisque j'ai deux princes pour amans, je ne la trouve plus digne de moi. Je l'ai abandonnée pour toujours, et je vous attendrai dans ce palais, car les princes doivent aimer la magnificence. L'or et les pierreries ne
sont

sont faits que pour eux ; et quand leurs sujets les voient si magnifiques, ils les respectent davantage. En même tems, elle fit passer ses deux amans dans une grande salle. Je vais vous montrer, leur dit-elle, les portraits de plusieurs princes qui ont été mes favoris. En voilà un qu'on nommait *Alexandre*, que j'aurais épousé; mais il est mort trop jeune. Ce prince, avec un fort petit nombre de soldats, ravagea toute l'Asie, et s'en rendit maître. Il m'aimait à la folie, et risqua plusieurs fois sa vie pour me plaire. Voyez cet autre, on le nommait *Pyrrhus*. Le desir de devenir mon époux, l'a engagé à quitter son royaume pour en acquérir d'autres : il courut toute sa vie, et fut tué malheureusement d'une tuile, qu'une femme lui jeta sur la tête. Cet autre se nommait *Jules César* : pour mériter mon cœur, il a fait pendant dix ans la guerre dans les Gaules ; il a vaincu *Pompée*, et soumis les Romains. Il eût été mon époux ; mais, ayant, contre mon conseil, pardonné à ses ennemis, ils lui donnèrent vingt-deux coups de poignard ; la princesse leur montra encore un grand nombre de portraits, et, leur ayant donné un superbe déjeûner, qui fut servi dans des plats d'or, elle leur dit de continuer leur voyage. Quand ils furent sortis du palais, Absolu dit à Charmant : avouez que la princesse était mille fois plus aimable aujourd'hui, avec ses beaux habits, qu'elle n'était hier, et qu'elle avait aussi beaucoup plus d'esprit. Je ne sais, répondit Charmant, elle avait du fard aujourd'hui, elle m'a paru changée, à cause de ses beaux habits ; mais assurément elle me plaisait davantage sous son habit de bergère. Les deux princes se séparèrent, et retournèrent dans leurs royaumes, bien résolus de faire tout ce qu'ils pourraient pour plaire à leur maîtresse. Quand Charmant fut dans son palais, il se ressouvint qu'étant petit, son gouverneur lui avait souvent parlé de Vraie Gloire, et il dit en lui-même, puisqu'il connaît ma princesse, je veux le faire revenir à ma cour ; il m'apprendra ce que je dois faire pour lui plaire. Il envoya donc un courier pour le chercher, et, aussitôt que son gouverneur, qu'on nommait *Sincère*, fut arrivé, il le fit venir dans son cabinet, et lui raconta ce qui lui était arrivé. Le bon Sincère, pleurant de joie, dit au roi : Ah ! mon prince, que je suis content d'être revenu ! sans moi, vous auriez perdu votre princesse. Il faut que je vous apprenne qu'elle a une sœur, qu'on nomme *Fausse Gloire* ; cette méchante créature n'est pas si belle que Vraie Gloire ; mais elle se farde pour cacher ses défauts. Elle attend tous les princes qui sortent de chez Vraie Gloire ; et, comme elle ressemble à sa sœur, elle les trompe. Ils croient travailler pour Vraie Gloire, et ils la perdent en suivant les conseils de sa sœur. Vous avez vu que tous les amans de Fausse Gloire périssent misérablement. Le prince Absolu, qui va suivre leur exemple, ne vivra que jusqu'à trente ans ;

mais si vous vous conduisez par mes conseils, je vous promets qu'à la fin, vous serez l'époux de votre princesse. Elle doit être mariée au plus grand roi du monde : travaillez à le devenir. Mon cher Sincère, répondit Charmant, tu sais que cela n'est pas possible. Quelque grand que soit mon royaume, mes sujets sont si ignorans, si grossiers, que je ne pourrai jamais les engager à faire la guerre. Or, pour devenir le plus grand roi du monde, ne faut-il pas gagner un grand nombre de batailles, et prendre beaucoup de villes ? Ah ! mon prince, répartit Sincère, vous avez déjà oublié les leçons que je vous ai données. Quand vous n'auriez pour tout bien qu'une seule ville, et deux ou trois cents sujets, et que vous ne feriez jamais la guerre, vous pourriez devenir le plus grand roi du monde ; il ne faut pour cela, qu'être le plus juste et le plus vertueux. C'est-là le moyen d'acquérir la princesse Vraie Gloire. Ceux qui prennent les royaumes de leurs voisins ; qui, pour bâtir de beaux châteaux, acheter de beaux habits et beaucoup de diamans, prennent l'argent de leurs peuples, sont trompés, et ne trouveront que la princesse Fausse Gloire qui, alors n'aura plus son fard, et leur paraîtra aussi laide, qu'elle l'est véritablement. Vous dites que vos sujets sont grossiers et ignorans, il faut les instruire. Faites la guerre à l'ignorance, au crime; combattez vos passions, et vous serez un grand roi, et un conquérant au-dessus de César, de Pyrrhus, d'Alexandre, et de tous les héros, dont Fausse Gloire vous a montré les portraits. Charmant résolut de suivre les conseils de son gouverneur. Pour cela, il pria un de ses parens de commander dans son royaume pendant son absence, et partit avec son gouverneur, pour voyager dans tout le monde, et s'instruire par lui-même de tout ce qu'il fallait faire, pour rendre ses sujets heureux. Quand il trouvait dans un royaume un homme sage, ou habile, il lui disait : voulez-vous venir avec moi, je vous donnerai beaucoup d'or. Quand il fut bien instruit, et qu'il eut eu un grand nombre d'habiles gens, il retourna dans son royaume, et chargea tous ces habiles gens d'instruire ses sujets qui étaient très-pauvres et très-ignorans. Il fit bâtir de grandes villes, et quantité de vaisseaux ; il faisait apprendre à travailler aux jeunes gens, nourrissait les pauvres malades et les vieillards, rendait lui-même la justice à ses peuples ; en sorte qu'il les rendit honnêtes gens et heureux. Il passa deux ans dans ce travail, et, au bout de ce tems, il dit à Sincère : croyez-vous que je sois bientôt digne de Vraie Gloire ? Il vous reste encore un grand ouvrage à faire, lui dit son gouverneur. Vous avez vaincu les vices de vos sujets, votre paresse, votre amour pour les plaisirs ; mais vous êtes encore l'esclave de votre colère ; c'est le dernier ennemi qu'il faut combattre. Charmant eut beaucoup de peine à se corriger de ce dernier défaut ; mais il était si amoureux de sa princesse, qu'il fit les plus grands efforts pour devenir doux et patient. Il y réussit, et les trois ans étant passés, il se rendit dans la forêt où il avait vu la biche blanche. Il n'avait pas mené avec lui un grand équipage ; le seul Sincère l'accompagnait. Il rencontra bientôt Absolu dans un char superbe. Il avait fait peindre sur ce char, les batailles qu'il avait gagnées, les villes qu'il avait prises, et il faisait marcher devant lui plusieurs princes, qu'il avait fait prisonniers, et qui étaient enchaînés comme des esclaves. Lorsqu'il apperçut Charmant, il se moqua de lui, et de la conduite qu'il avait tenue. Dans le même moment, ils virent le palais des deux sœurs, qui n'étaient pas fort éloignés l'un de l'autre. Charmant prit le chemin du premier, et Absolu en fut charmé, parce que celle qu'il prenait pour sa princesse, lui avait dit qu'elle n'y retournerait jamais. Mais à peine eut-il quitté Charmant, que la princesse Vraie Gloire, mille fois plus belle, mais toujours aussi simplement vêtue que la première fois qu'il l'avait vue, vint au-devant de lui. Venez, mon prince, lui dit-elle, vous êtes digne d'être mon époux ; mais vous n'auriez jamais eu ce bonheur, sans votre ami Sincère, qui vous a appris à me distinguer de ma sœur. Dans le même tems, Vraie Gloire commanda aux vertus, qui sont ses sujettes, de faire une fête pour célébrer son mariage avec Charmant ; et, pendant qu'il s'occupait du bonheur qu'il allait avoir d'être l'époux de cette princesse, Absolu arriva chez Fausse Gloire, qui le reçut parfaitement bien, et lui offrit de l'épouser sur-le-champ. Il y consentit ; mais à peine fut-elle sa femme, qu'il s'apperçut en la regardant de près, qu'elle était vieille et ridée, quoiqu'elle n'eût pas oublié de mettre beaucoup de blanc et de rouge, pour cacher ses rides. Pendant qu'elle lui parlait, un fil d'or qui attachait ses fausses dents, se rompit, et ces dents tombèrent à terre. Le prince Absolu était si fort en colère d'avoir été trompé, qu'il se jeta sur elle pour la battre ; mais comme il l'avait prise par de beaux cheveux noirs, qui étaient fort longs, il fut tout étonné qu'ils lui restèrent dans la main ; car Fausse Gloire portait une perruque ; et, comme elle resta nue tête, il vit qu'elle n'avait qu'une douzaine de cheveux, et encore ils étaient tous blancs. Absolu laissa-là cette méchante et laide créature, et courut au palais de Vraie Gloire qui venait d'épouser Charmant ; et la douleur qu'il eut d'avoir perdu cette princesse, fut si grande, qu'il en mourut. Charmant plaignit son malheur, et vécut long-tems avec Vraie Gloire. Il en eut plusieurs filles ; mais une seule ressemblait parfaitement à sa mère. Il la mit dans le château champêtre, en attendant qu'elle pût trouver un époux ; et, pour empêcher la méchante tante de lui débaucher ses amans, il écrivit sa propre histoire, afin d'apprendre aux princes qui voudraient épouser sa fille, que le seul moyen de posséder Vraie Gloire, était de travailler à se rendre vertueux et utiles à leurs sujets ; et, que pour réussir dans ce dessein, ils avaient besoin d'un ami sincère.

LE PÊCHEUR

ET

LE VOYAGEUR.

CONTE.

Il y avait une fois un homme qui n'avait pour tout bien qu'une pauvre cabane sur le bord d'une petite rivière : il gagnait sa vie à pêcher du poisson ; mais comme il n'y en avait guère dans cette rivière, il ne gagnait pas grand'chose, et ne vivait presque que de pain et d'eau. Cependant il était content dans sa pauvreté, parce qu'il ne souhaitait rien que ce qu'il avait. Un jour, il lui prit fantaisie de voir la ville, et il résolut d'y aller le lendemain. Comme il pensait à faire ce voyage, il rencontra un voyageur qui lui demanda s'il y avait bien loin jusqu'à un village, pour trouver une maison où il pût coucher. Il y a douze milles, lui répondit le pêcheur, et il est bien tard; si vous voulez passer la nuit dans ma cabane, je vous l'offre de bon cœur. Le voyageur accepta sa proposition, et le pêcheur qui voulait le régaler, alluma du feu, pour faire cuire quelques petits poissons. Pendant qu'il apprêtait le souper, il chantait, il riait, et paraissait de fort bonne humeur. Que vous êtes heureux! lui dit son hôte, de pouvoir vous divertir : je donnerais tout ce que je possède au monde, pour être aussi gai que vous. Et qui vous en empêche, dit le pêcheur ? Ma joie ne me coûte rien, et je n'ai jamais eu sujet d'être triste. Est-ce que vous avez quelque grand chagrin qui ne vous permet pas de vous réjouir? Hélas ! reprit le voyageur, tout le monde me croit le plus heureux des hommes. J'étais marchand, et je gagnais de grands biens ; mais je n'avais pas un moment de repos. Je craignais toujours qu'on ne me fît banqueroute ; que mes marchandises ne se gâtassent ; que les vaisseaux que j'avais sur la mer ne fissent naufrage ; ainsi, j'ai quitté le commerce pour être plus tranquille, et j'ai acheté une charge chez le roi. D'abord, j'ai eu le bonheur de plaire au prince, je suis devenu son favori, et je croyais que j'allais être content ; mais je connus bientôt que j'étais plus esclave du prince, que son favori. Il fallait renoncer à tout moment à mes inclinations, pour suivre les siennes. Il aimait la chasse, et moi, le repos ; cependant, j'étais obligé de courir avec lui les bois toute la journée : je revenais au palais, bien fatigué, et avec une grande envie de me coucher. Point du tout, la maîtresse du roi donnait un bal, un festin ; on me faisait l'honneur de m'en prier pour faire sa cour au roi : j'y allais en enrageant ; mais l'amitié du prince me consolait un peu. Il y a environ quinze jours qu'il s'est avisé de parler d'un air d'amitié à un des seigneurs de sa cour, il lui a donné deux commissions, et a dit, qu'il le croyait un fort honnête homme. Dès ce moment, j'ai bien vu que j'étais perdu, et j'ai passé plusieurs nuits sans dormir. Mais, dit le pêcheur, en interrompant son hôte, est-ce que le roi vous faisait mauvais visage, et ne vous aimait plus ? Pardonnez-moi, répondit cet homme, le roi me faisait plus d'amitié qu'à l'ordinaire ; mais pensez donc qu'il ne m'aimait plus tout seul, et que tout le monde disait que ce seigneur allait devenir un second favori. Vous sentez bien que cela est insupportable ; aussi ai-je manqué mourir de chagrin. Je me retirai hier au soir dans ma chambre, tout triste ; et, quand je fus seul, je me mis à pleurer. Tout d'un coup, je vis un grand homme d'une physionomie fort agréable, qui me dit : Azaël, j'ai pitié de ta misère ; veux-tu devenir tranquille, renonce à l'amour des richesses et au desir des honneurs ? Hélas ! seigneur, ai-je dit à cet homme, je le souhaiterais de tout mon cœur ; mais, comment y réussir ? Quitte la cour, m'a-t-il dit, et marche pendant deux jours par le premier chemin qui s'offrira à ta vue : la folie d'un homme te prépare un spectacle capable de te guérir pour jamais de l'ambition. Quand tu auras marché pendant deux jours, reviens sur tes pas, et crois fermement qu'il ne tiendra qu'à toi de vivre gai et tranquille. J'ai déjà marché un jour entier pour obéir à cet homme, et je marcherai encore demain ; mais j'ai bien de la peine à espérer le repos qu'il m'a promis.

Le pêcheur, ayant écouté cette histoire, ne put s'empêcher d'admirer la folie de cet ambitieux qui faisait dépendre son bonheur des regards et des paroles du prince. Je serai charmé de vous revoir, et d'apprendre votre guérison, dit-il au voyageur : achevez votre voyage ; et, dans deux jours, revenez dans ma cabane ; je vais voyager aussi ; je n'ai jamais été à la ville, et je m'imagine que je me divertirai beaucoup de tout le tracas qu'il doit y avoir. Vous avez là une mauvaise pensée, dit le voyageur : puisque vous êtes heureux à présent, pourquoi cherchez-vous à vous rendre misérable? Votre cabane vous paraît suffisante aujourd'hui ; mais, quand vous aurez vu les palais des grands, elle vous paraîtra bien petite et bien chétive. Vous êtes content de votre habit, parce qu'il vous couvre; mais il vous fera mal au cœur, quand vous aurez examiné les superbes vêtemens des riches. Monsieur, dit le pêcheur à son hôte, vous parlez comme un livre ; servez-vous de ces belles raisons pour apprendre à ne vous pas fâcher quand on regarde les autres, ou qu'on leur parle. Le monde est plein de ces gens qui conseillent les autres, pendant qu'ils ne peuvent se gouverner eux-mêmes. Le voyageur ne répliqua rien, parce qu'il n'est pas honnête de contredire les gens dans leur maison, et le lendemain il continua son voyage, pendant que le pêcheur commençait le sien. Au bout de deux jours, le voyageur Azaël, qui n'avait rien rencontré d'extraordinaire, revint à la cabane. Il trouva le pêcheur assis devant sa porte, la tête appuyée dans sa main, et les yeux fixés contre terre. A quoi pensez-vous, lui demanda Azaël? Je pense que je suis fort malheureux, répondit le pêcheur. Qu'est-ce que j'ai fait à Dieu, pour m'avoir rendu si pauvre! pendant qu'il y a une si grande quantité d'hommes si riches et si contens. Dans le moment, cet homme qui avait commandé à Azaël de marcher pendant deux jours, et qui était un ange, parut. Pourquoi n'as tu pas suivi les conseils d'Azaël ? dit-il au pêcheur. La vue des magnificences de la ville a fait naître chez toi l'avarice et l'ambition; elles en ont chassé la joie et la paix. Modère tes désirs, et tu retrouveras ces précieux avantages. Cela vous est bien aisé à dire, reprit le pêcheur; mais cela ne m'est pas possible, et je sens que je serai toujours malheureux, à moins qu'il ne plaise à

Dieu de changer ma situation. Ce serait pour ta perte, lui dit l'ange. Crois-moi, ne souhaite que ce que tu as. Vous avez beau parler, reprit le pêcheur, vous ne m'empêcherez pas de souhaiter une autre situation. Dieu exauce quelquefois les vœux de l'ambitieux, répondit l'ange; mais c'est dans sa colère, et pour le punir. Et que vous importe, dit le pêcheur. S'il ne tenait qu'à souhaiter, je ne m'embarrasserais guère de vos menaces. Puisque tu veux te perdre, dit l'ange, j'y consens: tu peux souhaiter trois choses; Dieu te les accordera. Le pêcheur, transporté de joie, souhaita que sa cabane fût changée en un palais magnifique, et aussitôt son souhait fut accompli. Le pêcheur, après avoir admiré ce palais, souhaita que la petite rivière qui était devant sa porte, fût changée en une grande mer, et aussitôt son souhait fut accompli. Il lui en restait un troisième à faire; il y rêva quelque tems, et ensuite il souhaita que sa petite barque fût changée en un vaisseau superbe, chargé d'or et de diamans : aussitôt qu'il vit le vaisseau, il y courut pour admirer les richesses dont il était devenu le maître; mais à peine y fut-il entré, qu'il s'éleva un grand orage. Le pêcheur voulut revenir au rivage et descendre à terre, mais il n'y avait pas moyen. Ce fut alors qu'il maudit son ambition : regrets inutiles; la mer l'engloutit avec toutes ses richesses, et l'ange dit à Azaël : que cet exemple te rende sage. La fin de cet homme est presque toujours celle de l'ambitieux. La cour où tu vis présentement est une mer fameuse par les naufrages et les tempêtes : pendant que tu le peux encore, gagne le rivage ; tu le souhaiteras un jour sans pouvoir y parvenir. Azaël, effrayé, promit d'obéir à l'ange, et lui tint parole. Il quitta la cour, et vint demeurer à la campagne, où il se maria avec une fille qui avait plus de vertu que de beauté et de fortune. Au lieu de chercher à augmenter ses grandes richesses, il ne s'appliqua plus qu'à en jouir avec modération, et à en distribuer le superflu aux pauvres. Il se vit alors heureux et content ; et il ne passa aucun jour sans remercier Dieu de l'avoir guéri de l'avarice et de l'ambition qui avaient jusqu'alors empoisonné tout le bonheur de sa vie.

JEAN ET MARIE.

CONTE.

Il y avait un marchand qui était allé dans les Indes avec sa femme. Il y gagna beaucoup d'argent; et, au bout de quelques années, il s'embarqua pour revenir en France d'où il était. Il avait avec lui sa femme et deux enfans, un garçon et une fille; le garçon, âgé de quatre ans, se nommait *Jean*, et la fille, qui n'en avait que trois, s'appelait *Marie*. Quand ils furent à moitié chemin, il survint une grande tempête, et le pilote dit qu'ils étaient en grand danger, parce que le vent les poussait vers des îles, où sans doute leur vaisseau se briserait. Le pauvre marchand, ayant appris cela, prit une grande planche, et lia fortement dessus sa femme et ses deux enfans ; il voulait s'y attacher aussi, mais il n'en eut pas le tems; car le vaisseau, ayant touché contre un rocher, s'ouvrit en deux, et tous ceux qui étaient dedans tombèrent dans la mer. La planche sur laquelle étaient la femme et les deux enfans, se soutint sur la mer comme un petit bateau, et le vent la poussa vers une île. Alors la femme détacha les cordes, et avança dans cette île avec les deux enfans.

La première chose qu'elle fit quand elle fut en lieu de sûreté, fut de se mettre à genoux pour remercier Dieu de l'avoir sauvée; elle était pourtant bien affligée d'avoir perdu son mari : elle pensait aussi qu'elle et ses enfans mourraient de faim dans cette île, ou qu'ils seraient mangés par les bêtes sauvages. Elle marcha quelque tems dans ces tristes pensées, et elle aperçut plusieurs arbres chargés de fruits ; elle prit un bâton et en fit tomber, qu'elle donna à ses petits enfans, et en mangea elle-même : elle avança ensuite plus loin, pour voir si elle ne découvrirait point quelque cabane; mais elle reconnut qu'elle était dans une île déserte. Elle trouva dans son chemin un grand arbre qui était creux, et elle résolut d'en faire une maison pour cette nuit. Elle y coucha donc avec ses enfans, et le lendemain elle avança encore dans l'île, autant qu'ils purent marcher. Elle trouva dans son chemin des nids d'oiseaux dont elle prit les œufs; et, voyant qu'elle ne trouvait ni hommes, ni mauvaises bêtes, elle résolut de se soumettre à la volonté de Dieu, et de faire son possible pour bien élever ses enfans. Elle avait dans sa poche un évangile et un livre de communes prières; elle s'en servit pour leur apprendre à lire, et pour leur enseigner à connaître le bon Dieu. Quelquefois le petit garçon lui disait : Ma mère, où est mon papa? d'où vient nous a-t-il fait quitter notre maison pour venir dans cette île? est-ce qu'il ne viendra pas nous chercher? Mes enfans, leur répondait cette pauvre femme en pleurant, votre père est allé dans le ciel; mais vous avez un autre papa qui est le bon Dieu. Il est ici, quoique vous ne le voyiez pas ; c'est lui qui nous envoie des fruits et des œufs; et il aura soin de nous, tant que nous l'aimerons de tout notre cœur, et que nous le servirons. Quand ces petits enfans surent lire, ils lisaient avec bien du plaisir tout ce qui était dans leurs livres, et ils en parlaient toute la journée. D'ailleurs ils étaient fort bons et fort obéissans à leur mère.

Au bout de deux ans cette pauvre femme tomba malade, et elle connut qu'elle allait mourir : elle était bien inquiète pour ses pauvres enfans; mais, à la fin, elle pensa que Dieu, qui était si bon, en aurait soin. Elle était couchée dans le creux de son arbre; et, ayant appelé ses enfans, elle leur dit : Je vais bientôt mourir, mes chers enfans, et vous n'aurez plus de mère. Souvenez-vous pourtant que vous ne serez pas tous seuls, et que le bon Dieu verra tout ce que vous ferez.

Ne

Ne manquez jamais à le prier matin et soir. Mon cher Jean, ayez bien soin de votre sœur Marie; ne la grondez point; ne la battez jamais; vous êtes plus grand et plus fort qu'elle, vous irez lui chercher des œufs et des fruits : elle voulait aussi dire quelque chose à Marie; elle n'en eut pas le tems, elle mourut.

Ces pauvres enfans ne comprenaient point ce que leur mère voulait leur dire; car ils ne savaient pas ce que c'était de mourir : quand elle fut morte, ils crurent qu'elle dormait, et ils n'osaient faire du bruit, crainte de la réveiller. Jean fut chercher des fruits; et, ayant soupé, ils se couchèrent à côté de l'arbre, et s'endormirent tous les deux. Le lendemain ils furent fort étonnés de ce que leur mère dormait encore, et furent la tirer par le bras pour la réveiller : comme ils virent qu'elle ne leur répondait pas, ils crurent qu'elle était fâchée contr'eux, et se mirent à pleurer; ensuite ils lui demandèrent pardon, et lui promirent d'être bien sages :

ils eurent beau faire; vous pensez bien que la pauvre femme ne pouvait leur répondre, puisqu'elle était morte. Ils restèrent là pendant plusieurs jours, jusqu'à ce que le corps commençât à se corrompre. Un matin, Marie, jetant de grands cris, dit à Jean: Ah! mon frère, voilà des vers qui mangent notre pauvre maman ; il faut les arracher : venez m'aider. Jean s'approcha ; mais ce corps sentait si mauvais, qu'ils ne purent rester là, et furent contraints d'aller chercher un autre arbre pour y coucher.

Ces deux enfans obéirent exactement à leur mère, et jamais ils ne manquèrent à prier Dieu : ils lisaient si souvent leurs livres, qu'ils les savaient par cœur. Quand ils avaient bien lu, ils se promenaient, ou bien ils s'asseyaient sur l'herbe, et Jean disait à sa sœur : Je me souviens, quand j'étais bien petit, d'avoir été dans un lieu où il y avait de grandes maisons, et beaucoup d'hommes ; j'avais une nourrice, et vous aussi, et mon père avait beaucoup de valets; nous avions aussi de belles robes. Tout d'un coup, papa nous a mis dans une maison qui allait sur l'eau; et puis, tout d'un coup, il nous a attachés à une planche, et a été tout au fond de la mer, d'où il n'est jamais revenu. Cela est bien singulier, répondait Marie; mais enfin, puisque cela est arrivé, c'est que Dieu l'a voulu; car vous savez bien, mon frère, qu'il est tout-puissant.

Jean et Marie restèrent onze ans dans cette île. Un jour qu'ils étaient assis au bord de la mer, ils virent venir dans un bateau plusieurs hommes noirs. D'abord, Marie eut peur et voulait se sauver; mais Jean lui dit : restons, ma sœur; ne savez-vous pas que notre père le bon Dieu est ici, et qu'il empêchera ces hommes de nous faire du mal? Ces hommes noirs étant descendus à terre, furent surpris de voir ces enfans qui étaient d'une autre couleur qu'eux; ils les environnèrent et leur parlèrent; ce fut inutilement : le frère et la sœur n'entendaient pas leur langage. Jean mena ces Sauvages à l'endroit où étaient les os de sa mère, et leur conta comment elle était morte tout d'un coup; ils ne l'entendaient pas non plus. Enfin les noirs leur montrèrent leur petit bateau, et leur firent signe d'y entrer. Je n'oserais, disait Marie, ces gens-là me font peur. Jean lui dit: rassurez-vous, ma sœur; mon père avait des domestiques de la même couleur que ces hommes, peut-être qu'il est revenu de son voyage, et qu'il les envoye pour nous chercher.

Ils entrèrent donc dans le bateau qui les conduisit dans une île qui n'était pas fort éloignée, et qui avait des Sauvages pour habitans. Tous ces Sauvages les reçurent fort bien : leur roi ne pouvait se lasser de regarder Marie, et il mettait souvent la main sur son cœur, pour lui marquer qu'il l'aimait. Marie et Jean eurent bientôt appris la langue de ces Sauvages, et ils connurent qu'ils faisaient la guerre à des peuples qui demeuraient dans des îles voisines ; qu'ils mangeaient leurs prisonniers, et qu'ils adoraient un grand vilain singe qui avait plusieurs Sauvages pour le servir, en sorte qu'ils étaient bien fâchés d'être venus demeurer chez ces méchantes gens. Cependant le roi voulait absolument épouser Marie, qui disait à son frère : j'aimerais mieux mourir que d'être la femme de cet homme-là. C'est parce qu'il est bien laid que vous ne l'épouserez pas, disait Jean. Non, mon frère, lui disait-elle ; c'est parce qu'il est méchant. Ne voyez-vous pas qu'il ne connaît pas notre père le bon Dieu ; et, qu'au lieu de le prier, il se met à genoux devant ce vilain singe. D'ailleurs, notre livre dit qu'il faut pardonner à ses ennemis, et leur faire du bien, et vous voyez qu'au lieu de cela, ce méchant homme fait mourir ses prisonniers et les mange.

Il me prend une pensée, dit Jean ; si nous tuyions ce vilain singe, ils verraient bien que ce n'est pas un Dieu ? Faisons mieux, dit Marie ; notre livre dit que Dieu accorde toujours les choses qu'on lui demande de bon cœur ; mettons-nous à genoux, et prions Dieu de tuer lui-même le singe, alors on ne s'en prendra pas à nous, et on ne nous fera point mourir.

Jean trouva ce que sa sœur lui disait fort raisonnable. Ils se mirent donc tous deux à genoux, et dirent tout haut : seigneur, qui pouvez tout ce que vous voulez, ayez, s'il vous plaît, la bonté de tuer ce singe, afin que ces pauvres gens connaissent que c'est vous qu'il faut adorer, et non pas lui. Ils étaient encore à genoux, lorsqu'ils entendirent jeter de grands cris ; et, s'étant informés de ce qui y donnait lieu, on leur apprit que le grand singe, en sautant de dessus un arbre, s'était cassé la jambe, et qu'on croyait qu'il en mourrait. Les sauvages qui avaient soin du grand singe qui était mort, et qui étaient comme ses prêtres, dirent au roi que Marie et son frère étaient cause du malheur qui était arrivé, et qu'ils ne pourraient être heureux qu'après que ces deux blancs auraient adoré leur dieu. Aussitôt on décida qu'on ferait un sacrifice au nouveau singe qu'on venait de choisir ; que les deux blancs y assisteraient, et, qu'après cela, Marie épouserait leur roi ; que, s'ils refusaient de le faire, on les brûlerait tout vifs avec leurs livres, dont ils se servaient pour faire des enchantemens. Marie apprit cette résolution, et, comme les prêtres lui disaient que c'était elle qui avait fait mourir leur singe, elle leur répondit : si j'avais fait mourir votre singe, n'est-il pas vrai que je serais plus puissante que lui ; je serais donc bien stupide d'adorer quelqu'un qui ne serait pas au-dessus de moi. Le plus faible doit se soumettre au plus puissant, et par conséquent, je mériterais plutôt les adorations du singe, que lui les miennes. Cependant, je ne veux pas vous tromper, ce n'est pas moi qui lui ai ôté la vie ; mais notre Dieu qui est le maître de toutes les créatures, et sans la permission duquel vous ne sauriez ôter un seul cheveu de ma tête. Ce discours irrita tous les sauvages ; ils attachèrent Marie et son frère à des morceaux de bois, et se préparaient à les brûler, lorsqu'on leur apprit qu'un grand nombre de leurs ennemis venait d'aborder dans l'île. Ils coururent pour les combattre, et furent vaincus. Les sauvages qui étaient vainqueurs, coupèrent les chaînes des deux enfans blancs, et les ayant menés dans leur île, ils devinrent les esclaves du roi. Ils travaillaient depuis le matin jusqu'au soir, et disaient : il faut servir fidèlement notre maître pour l'amour de Dieu, et croire que c'est le Seigneur que nous servons : car notre livre dit qu'il faut le faire ainsi.

Cependant, ces nouveaux sauvages faisaient souvent la guerre, et, comme leurs voisins, ils mangeaient leurs prisonniers. Un jour ils en prirent un grand nombre, car ils étaient fort vaillans : parmi ceux-là il y avait un homme blanc, et, comme il était fort maigre, les sauvages résolurent de l'engraisser avant de le manger. Ils l'enchaînèrent dans une cabane, et chargèrent Marie de lui porter à manger. Comme elle savait qu'il devait être bientôt mangé, elle en avait grande pitié, et, le regardant tristement, elle dit : mon Dieu, mon père, ayez pitié de lui. Cet homme blanc qui avait été fort étonné en voyant une fille de la même couleur que lui, le fut bien davantage, quand il lui entendit parler sa langue et prier un seul Dieu. Qui vous a appris à parler français, lui dit-il, et à connaître le bon Dieu ? Je ne savais pas le nom de la langue que je parle, répondit-elle, c'était la langue de ma mère, et elle me l'a apprise ; pour le bon Dieu, nous avons deux livres qui en parlent, et nous le prions tous les jours. Ah ! ciel ! s'écria cet homme, en levant les yeux et les mains au ciel, serait-il possible ? Mais, ma fille, pourriez-vous me montrer les livres dont vous me parlez ? Je ne les ai pas, lui dit-elle ; mais je vais chercher mon frère, qui les garde, et il vous les montrera. En même tems, elle sortit, et revint bientôt après avec Jean qui apportait ces deux livres. L'homme blanc les ouvrit avec émotion, et, ayant lu sur le premier feuillet : *Ce livre appartient à Jean Maurice,* il s'écria : Ah ! mes chers enfans, est-ce vous que je revois, venez embrasser votre père, et puissiez-vous me donner des nouvelles de votre mère ? Jean et Marie, à ces paroles, se jetèrent dans les bras de l'homme blanc en versant des larmes de joie; à la fin, Jean reprenant la parole, dit : mon cœur me dit que vous êtes mon père, cependant, je ne sais comment cela peut être, car ma mère m'a dit que vous étiez tombé dans le fond de la mer, et je sais à présent qu'il n'est pas possible d'y vivre, ni d'en revenir. Je tombai effectivement dans la mer, quand notre vaisseau s'entrouvrit, reprit cet homme; mais, m'étant saisi d'une planche, j'abordai heureusement dans une île, et je vous crus perdus. Alors, Jean lui dit toutes les choses dont il put se souvenir, et l'homme blanc pleura beaucoup quand il apprit la mort de sa pauvre femme. Marie pleurait aussi beaucoup, mais c'était pour un autre sujet. Hélas ! s'écria-t-elle, à quoi sert-il que nous ayons retrouvé notre père, puisqu'il doit être tué et mangé dans peu de jours ? Il faudra couper ses chaînes, dit Jean, et nous nous sauverons tous trois dans la forêt. Et qu'y ferons-nous, mes pauvres enfans, dit Jean Maurice ? Les sauvages nous rattraperons, ou bien il faudra mourir de faim. Laissez-moi faire, dit Marie ; je sais un moyen infaillible de vous sauver.

Elle sortit en finissant ces paroles, et alla trouver le roi. Lorsqu'elle fut entrée dans sa cabane, elle se jeta à ses pieds, et lui dit : Seigneur, j'ai une grace à vous demander, voulez-vous me promettre de me l'accorder ? Je vous le jure, lui dit le roi ; car je suis fort content de votre service. Eh bien ! lui dit Marie : vous saurez que cet homme blanc, dont vous m'avez donné le soin, est mon père, et celui de Jean ; vous avez résolu de le manger, et je viens vous représenter qu'il est vieux et maigre, et qu'ainsi il ne sera pas fort bon ; au lieu que je suis jeune et grasse. Ainsi, j'espère que vous voudrez bien me manger à sa place, je ne vous demande que huit jours pour avoir le plaisir de le voir avant de mourir. En vérité, lui dit le roi, vous êtes une si bonne fille, que je ne voudrais pas pour toute chose vous faire mourir ; vous vivrez, et votre père aussi. Je vous avertis même qu'il vient tous les ans ici un vaisseau plein d'hommes blancs, auxquels nous vendons nos prisonniers : il arrivera bientôt, et je vous donnerai la permission de vous en aller.

Marie remercia beaucoup le roi, et remerciait le bon Dieu qui lui avait inspiré d'avoir compassion d'elle. Elle courut porter ces bonnes nouvelles à son père ; et quelques jours après, le vaisseau, dont le roi lui avait parlé, étant arrivé, elle s'embarqua s'embarqua avec son père et son frère. Ils abordèrent dans une grande île habitée par des Espagnols. Le gouverneur de cette île ayant appris l'histoire de Marie, dit en lui-même : cette fille n'a pas un sou, et elle est bien brûlée du soleil ; mais elle est si bonne et si vertueuse, qu'elle pourra rendre son mari plus heureux que si elle était riche et belle, il pria donc le père de Marie, de lui donner sa fille en mariage, et Jean Maurice y ayant consenti, le gouverneur l'épousa, et donna une de ses parentes à Jean ; en sorte qu'ils vécurent fort heureux dans cette île, admirant la sagesse de la Providence, qui n'avait permis que Marie fût esclave que pour lui donner l'occasion de sauver la vie à son père.

Fin du premier Volume.

TABLE

DES MATIERES

Contenues dans le premier Volume.

La Belle et la Bête. . . pag. 1
Aurore et Aimée. 33
Joliette, ou le danger de rapporter. 51
Belote et Laidronette. 67
Le prince Chéri. 87
Blanche et Vermeille. 113
Desir et Mignone. 123
Spirituel et Astre. 137
Le prince Fatal et le prince Fortuné. 149
Elise et Mira, ou l'île des esclaves. 169
Charmant et Absolu. 187
Le Pécheur et le Voyageur. . . 203
Jean et Marie. 213

Fin de la Table du premier Volume.

www.ingramcontent.com/pod-product-compliance
Lightning Source LLC
Chambersburg PA
CBHW070655170426
43200CB00010B/2250